Greek Lessons

GREEK LESSONS:

SHOWING HOW USEFUL AND HOW EASY IT IS

FOR EVERY ONE TO LEARN GREEK.

BY

W. H. MORRIS,

AUTHOR OF 'GREEK VERSUS LATIN.'

THIRD EDITION.

LONDON:

LONGMANS, GREEN, AND CO.

1874.

PREFACE.

———◦◦◦———

WHAT is the use of Greek?

It has three very important uses.

First. There are so many words in English (and new ones are daily being introduced) derived from Greek, that some knowledge of the Greek language is an essential of a sound English education; and it is, besides, of the greatest use in learning Latin and modern languages.

Second. 'There never was such a language to *educate the mind* of man.' It is 'the most subtle and powerful language that ever flowed from the tongue of man;' and yet it is 'an easy language.'*

Third. Above all, it is the language in which, *before all others*, God chose to reveal His will to us—the language of the New Testament. 'No other language will ever express the meaning of God's Spirit as it may be seen to be expressed and

* 'The Intelligent Study of Scripture.' By Dean Alford. Nisbet. 3*d*.

known by those who read the New Testament in its original Greek. In this the English tongue *totally fails.*'

Thus to the every-day man, to the scholar, and especially to the Christian, Greek is of practical value.

I have endeavoured, therefore, to produce a book suited to these three classes.

Firstly. A book for those who may not, perhaps, have much time to give to the subject, but who merely study it to learn English.

Secondly. At the same time, a book all in the right direction for those who wish to know more of that 'wonderful language.'

Thirdly. A book especially adapted to those who desire to read the New Testament in the original Greek, and the Greek version of the Old Testament, from which our Lord and His apostles quoted.

PREFACE

THE THIRD EDITION.

———•◦•———

THIS EDITION contains such slight alterations in the Grammatical arrangement as were necessary to bring it into harmony with the 'Public School Latin Primer' and its companion book 'Parry's Greek Grammar,' without in any way destroying the original plan of the work.

Great care has been taken to bring prominently before the eye the rich and varied terminology of the Greek language, and at the same time to connect it in the mind with the English equivalents. For this purpose the Greek Inflexions and their corresponding English signs have been printed side by side in bold type. The student will thus be enabled readily to distinguish the Greek Inflexion from its stem—a very important point—and will learn to regard the Inflexion not merely as the sign of a certain Tense or Case, but generally as the representative of some English word or words.

When terminations have by this means acquired in the mind a distinct signification, they will immediately suggest to the English mind the same idea that they would convey to the mind of the native Greek, without any preliminary process of reasoning about Cases or Tenses.

The Adjectives and Substantives in the Vocabularies are arranged according to their *gender*, in three columns. The genders of words will thus be learned intuitively without any effort, and a more permanent impression will be made on the memory by the *locality* of a word in the left, centre or right column, than by the easily forgotten *m. f.* and *n.*

The Verbs of each class are grouped together in distinct vocabularies, so as to familiarise the ear with the rhythm of each conjugation *separately*, and thus fix it firmly in the mind.

Some English words, derived from the Greek words in the preceding Vocabularies, are appended to the Exercises. These answer the twofold purpose of teaching the true and exact meaning of many English words, and of forming a key to remembering the Greek words from which they are derived. In the hands of an intelligent teacher they may be made a very interesting study, and the student will find, from the very beginning, that ' Greek ' is something practically useful.

The Accents have been added in this Edition in deference to suggestions made to the author.

The author desires to express his obligations for many valuable suggestions to N. POCOCK, Esq., M.A., E. WAL-FORD, Esq., M.A., and to the Rev. E. ST. JOHN PARRY, M.A., whose excellent Grammar is recommended as being the best adapted to succeed this work.

CLIFDEN HOUSE,
Ealing Road, near Brentford.
April 1874.

CONTENTS.

THE NUMBERS REFER TO THE LESSONS.

ON THE METHOD OF USING THIS BOOK.

1. The Vocabularies, Grammatical Forms, Rules, &c., should be committed to memory before attempting to translate the Exercises.

2. In learning Grammatical Forms it will be found advantageous to repeat the Inflexions (in large type) *without* as well as with the stems, and to learn the Adjectives in the same way as their kindred Substantives, taking each gender separately.

3. Frequent practice should be given in Declining and Conjugating. For very young learners the Lessons may be divided into two or more portions, one of which should consist entirely in committing to memory and declining the words at the heads of the Exercises.

4. Repetition is recommended every ten or twenty Lessons, according to age; the object to be kept in view being rather to learn thoroughly than to proceed quickly.

GREEK LESSONS.

I.

THE ALPHABET.

LARGE.	SMALL.	SOUND.	NAME.	LARGE.	SMALL.	SOUND.	NAME.
A	α	a	alpha	N	ν	n	nu
B	β	b	bēta	Ξ	ξ	x	xi
Γ	γ	g (as in *go*)	gamma	O	o	ŏ (as in *not*)	omĭcron
$\varDelta$	δ	d	delta	Π	π	p	pi
E	ϵ	ĕ (as in *met*)	epsĭlon	P	ρ	r rh	rho
Z	ζ	z	zēta	Σ	σ	(ς final) s	sigma
H	η	ē (as in *meet*)	ēta	T	τ	t	tau
Θ	θ	th	thēta	Υ	υ	u	upsĭlon
I	ι	i	iōta	Φ	ϕ	ph	phi
K	κ	k	kappa	X	χ	ch (as in *ache*)	chi
$\varLambda$	λ	l	lambda	Ψ	ψ	ps	psi
M	μ	m	mu	Ω	ω	ō (as in *note*)	ōmĕga

Write the names of the letters in Greek characters.

II.

The Vowels are α, ϵ, η, ι, o, υ, ω. The Consonants are divided into Labials (p-sounds) π, β, ϕ; Gutturals (k-sounds) κ, γ, χ; Dentals (t-sounds) τ, δ, θ; Semi-vowels, λ, μ, ν, ρ (called Liquids), and σ; Double Letters ζ, ξ, ψ.

Repeat first the English sounds, then the Greek names: α, λ, ϕ, ζ, μ, χ, η, γ, ν, ψ, θ, δ, ξ, ω, η, o, ι, ζ, π, α, κ, η, ρ, β, λ, θ, σ, γ, μ, ι, τ, δ, ν, κ, χ, υ, ϵ, ζ, ξ, $ς$, π, ϕ, σ, ρ, ψ, ω.

B

III.

The Diphthongs are thus pronounced :—

αι, as in *aisle*   ει, as in *eider-down*   οι, as in *oil*
αυ, as in *author*   ευ, ηυ, as in *Eustace*   ου, as in *out*
                                               υι, as in *quite*

An ι subscript or *written under* (ą) a Vowel is silent, as in *aim, seize.*

The Rough Breathing (ʽ) over a vowel or second letter of a diphthong is equal to an *h* placed before it; as, ὁ (ho), οἱ (hoi).

The Soft Breathing (ʼ) denotes the absence of the h-sound.

A Breathing is placed over every vowel, diphthong, or ῥ that begins a word.

There are three Accents, Acute (ʹ), Grave (ʻ), and Circumflex(ˉ). These do not affect the pronunciation.

Read the following words :—

γῆ, *earth* ; νίκη, *victory* ; ὄνος, *ass* ; λύκος, *wolf* ; ῥόδον, *rose* ; βιβλίον, *book* ; ὅτι, *because* ; ὥρα, *hour* ; ῥίζα, *root* ; ἔργον, *work* ; δένδρον, *tree* ; φίλος, *friend* ; θύρα, *door* ; καρπός, *fruit* ; δόξα, *glory* ; μάχη, *battle* ; ἄρτος, *bread* ; ψυχή, *soul* ; ἐγώ, *I* ; οἶνος, *wine* ; υἱός, *son* ; ναύτης, *sailor* ; ναί, *yes* ; οὗτος, *this* ; εὖ, *well* ; δειλός, *fearful.*

IV.

MASCULINE.	FEMININE.	NEUTER.
κᾰλ-ός	κᾰλ-ή	καλ-όν, *good, beautiful*
κακ-ός	κακ-ή	κακ-όν, *bad, wicked*
λύκ-ος, *wolf*	φων-ή, *voice, sound*	ῥόδ-ον, *rose*
ὄν-ος, *ass*	γῆ, *earth*	δένδρ-ον, *tree*

The Indefinite Article *a* or *an* must be supplied (when necessary) in the English, and the Adjective taken *before* the Substantive.

RULE 1.—An Adjective agrees with its Substantive in Gender:—
λύκος κακός. καλὴ φωνή. δένδρον κακόν. γῆ κακή. ὄνος κακός. ῥόδον καλόν. γῆ καλή. φωνὴ κακή. δένδρον καλόν. ὄνος καλός.

Give the derivation of Rhodo-dendron, Eu-phony, Phonetic, Ge- in Ge-ography, Ge-ology, &c.

V.

M.	F.	N.
μικρ-ός	μικρ-ά	μικρ-όν, small, little
μακρ-ός,	μακρ-ά	μακρ-όν, long, far, distant
θρόν-ος, seat	θύρ-α, door	τέκν-ον, child
οἰκ-ος, house	λύρ-α, lyre	ὠ-όν, egg

μικρὸς θρόνος. μικρὰ λύρα. ὠὸν μικρόν. οἶκος μακρός. θύρα μικρά. τέκνον μικρόν. φωνὴ μικρά. λύρα καλή. θρόνος καλός. οἶκος κακός. δένδρον μικρόν. γῆ μακρά.

English words derived from the Greek change ν into y, and κ into c. Give the derivation of Throne, Lyre, O-micron, Micro- in Micro-scope, Micro-cosm, &c.

VI.

M.	F.	N.
ὁ	ἡ	τό, the
πιστ-ός	πιστ-ή	πιστ-όν, faithful, true
δοῦλ-ος, slave	νύμφ-η, bride, goddess	βιβλίον, little book, roll
κύρι-ος, master, lord	δίκ-η, justice	δῶρ-ον, gift, present

RULE 2.—When the Article stands before the Substantive *only*, the Adjective is a Predicate, and the Copula (*is* or *are*) must frequently be supplied; as, ὁ δοῦλος πιστός, or πιστὸς ὁ δοῦλος, the slave *is* faithful.

RULE 3.—The Article is sometimes repeated before the Adjective to add emphasis or force to it; as, ὁ δοῦλος ὁ πιστός, the *faithful* slave, i.e. the faithful one.

ὁ λύκος μικρός. ἡ καλὴ φωνή. ἡ δίκη ἡ πιστή. τὸ βιβλίον μικρόν. πιστὸς ὁ κύριος. ἡ γῆ ἡ καλή. ἡ πιστὴ φωνή. ἡ θύρα μικρά. καλὸν τὸ ῥόδον. ἡ καλὴ λύρα. τὸ ὠὸν τὸ καλόν. καλὸν βιβλίον. ἡ νύμφη καλή. ὁ δοῦλος ὁ κακός. τὸ δῶρον καλόν. δίκη πιστή. μικρὸν δῶρον.

Give the derivation of Bible, Nymph.

VII.

There are three Numbers—Singular, Plural, and Dual. The Dual is used of *two* only, but the Plural commonly takes its place.

THE AUXILIARY VERB εἰμί, I am.
INDICATIVE MOOD, PRESENT TENSE.

SINGULAR.	PLURAL.	DUAL.
1. εἰμί, (I) am	ἐσμέν, (we) are	wanting
2. εἶ, (thou) art	ἐστέ, (ye) are	ἐστόν, ye (two) are
3. ἐστί, (he, she, it) is	εἰσί, (they) are	ἐστόν, they (two) are

ν is added to ἐστί, εἰσί, when they are followed by a vowel.

The Stops in Greek are the same as in English, except the Colon or Semicolon (·), and the note of Interrogation (;).

ἐγώ, I; σύ, thou; τίς; τί; who? what? τί; why? τις, τι, a certain, some one; οὐ, οὐκ (before a vowel), οὐχ (before a rough breathing), not.

RULE 4.—The Verb εἰμί takes the same Case after it as before it.

δοῦλός εἰμι. κύριος εἶ. πιστός ἐστι. τί ἐσμεν; σὺ τίς εἶ; ἐγὼ κύριός εἰμι· σὺ δοῦλος εἶ. τί καλόν ἐστι; τὸ ῥόδον ἐστὶ καλόν. δοῦλός τις κακός ἐστι. τίς δίκη ἐστὶ πιστή; ἔστιν ἡ θύρα μικρά; τίς πιστός ἐστι; τίς ἐστιν ὁ κύριος ὁ πιστός; μικρὸς οὐκ εἰμί. οὐκ εἶ σὺ τέκνον; ὁ λύκος κακός ἐστι, οὐχ ὁ ὄνος.

VIII.

IMPERFECT TENSE OF εἰμί.

SINGULAR.	PLURAL.	DUAL.
1. ἦν, *I was*	ἦμεν, *we were*	——
2. ἦσθα, *thou wast*	ἦτε, *ye were*	ἤτην, *ye two were*
3. ἦν, *he was*	ἦσαν, *they were*	ἤρην, *they two were*

ποῦ; *where?* ὅπου, *where;* ἐκεῖ, *there;* ὧδε, *here;* καί, *and, also;* καί . . . . καί, *both . . . . and;* γάρ, *for;* ἰδύ, *behold, here (am, is, are).*

RULE 5.—Two or more Substantives Singular require a Plural Verb; as, ποῦ εἰσιν ὁ κύριος καὶ ὁ δοῦλος; *where* are *the lord and the slave?*

ποῦ ἐστιν ὁ δοῦλος ὁ κακός; οὐκ ἔστιν ὧδε. τίς ἐκεῖ ἐστί; ἰδοὺ ἐγώ. τί ὧδε ἐστέ; ποῦ ἦσαν ὁ λύκος καὶ ὁ ὄνος; ἐκεῖ οὐκ εἰσί. ὅπου ἐστὶν ὁ λύκος, ἐκεῖ ἐστὶ καὶ ὁ ὄνος. τὸ βιβλίον δῶρον μικρόν ἐστι. τὸ ῥόδον μικρὸν καὶ καλὸν ἦν. ἰδοὺ ὁ δοῦλος, πιστὸς γάρ ἐστι. καὶ ὁ κύριος καὶ ὁ δοῦλος ἦσαν ὧδε.

IX.

FUTURE TENSE OF εἰμί.

SINGULAR.	PLURAL.	DUAL.
1. ἔσ-ομαι, *I shall be*	ἐσ-όμεθα, *we shall be*	ἐσ-όμεθον, *we two, &c.*
2. ἔσ-ειor η, *thou wilt*	ἔσ-εσθε, *ye will be*	ἔσ-εσθον, *ye two, &c.*
3. ἔσται, *he will be[be*	ἔσ-ονται, *they will be*	ἔσ-εσθον, *they two, &c.*

M.	F.	N.
καιν-ός	καιν-ή	καιν-όν, *new*
λευκ-ός	λευκ-ή	λευκ-όν, *white*
ἄρτ-ος, *bread, loaf*	στολ-ή, *robe, dress*	ἀρνί-ον, *little lamb*
οἶν-ος, *wine*	κώμ-η, *village*	ἔργ-ον, *work, deed*

ὁ ἄρτος καινὸς ἦν. ἡ στολὴ λευκὴ καὶ καλὴ ἔσται. τὸ ἀρνίον λευκὸν ἦν. ποῦ ἐστιν ὁ οἶνος ; ὁ λύκος οὐκ ἔστι λευκός. ἰδοὺ ὁ λύκος καὶ τὸ ἀρνίον. τὸ ἔργον κακὸν ἔσται. κώμη τις μακρὰ ἦν. πιστὸς ἔσομαι. ἐκεῖ ἔσονται. τί ἔσεσθε ; εἰμὶ καὶ ἦν καὶ ἔσομαι. ὧδε ἐσόμεθα. ὅπου γάρ ἐστιν ὁ κύριος, ἐκεῖ ἔσται καὶ ὁ δοῦλος.

X.

Μ.	Γ.	Ν.
ἅγι-ος	ἀγί-α	ἅγι-ον, holy, pure
δίκαι-ος	δικαί-α	δίκαι-ον, just, righteous
ὑμν-ος, song of praise	καρδί-α, heart	μῆλ-ον, apple, fruit
νόμ-ος, law	ὥρα, hour, time	ὅρκι-ον, oath
βί-ος, life	ψυχ-ή, soul, life	θηρί-ον, wild beast

ἅγιος ὕμνος. κακὴ ἡ καρδία. ὁ βίος μακρὸς οὐκ ἐστί. τί ἐστιν ἡ ψυχή ; ἰδοὺ ὧδε τὸ βιβλίον τὸ ἅγιον. ὁ νόμος ἅγιός ἐστι καὶ δίκαιος. τὸ ὅρκιον ἅγιον ἔσται. ποῦ ἐστιν ἡ δίκη ; δίκαιος ἔσει. ὁ λύκος θηρίον κακόν ἐστι. ὧδε μῆλον καλόν. τίς ὥρα ἐστί ; ἅγιος καὶ δίκαιός ἐστιν ὁ κύριος.

Give the derivation of Hour, Hymn, Psyche, Eco-nomy (οἶκος, νόμος), Bio- in Biography, &c.

XI.

Μ.	Γ.	Ν.
ἀγαθ-ός	ἀγαθ-ή	ἀγαθ-όν, good, virtuous, brave
λαμπρ-ός	λαμπρ-ά	λαμπρ-όν, bright, splendid
θερμ-ός	θερμ-ή	θερμ-όν, warm, hot
λύχν-ος, light, lamp	λυχνί-α, lampstand	ἱμάτι-ον, dress, outer garment
ἥλι-ος, sun	σελήν-η, moon	ἄστρον, star

ὡς, as, how ; ἀλλά (before a vowel ἀλλ'), but ; εἶναι (Infinitive of εἰμί), to be.

ὁ θεὸς ἀγαθός ἐστι καὶ δίκαιος. ὡς καλός ἐστιν ὁ ἥλιος! ἡ σελήνη λαμπρὰ ἔσται καὶ καλή. ἡ λυχνία οὐ θερμὴ ἀλλὰ λαμπρά ἐστι. ὧδέ εἰσιν ὁ ἄρτος καὶ ὁ οἶνος. ὁ καινὸς ἄρτος θερμός ἐστι. ποῦ ἐστιν ἡ σελήνη ἡ καλή; ὡς λαμπρὸν ἄστρον! ἐκεῖ εἰσὶν ὁ λύχνος καὶ ἡ λυχνία. τὸ ἱμάτιον λαμπρὸν ἦν ὡς ὁ ἥλιος. καλόν ἐστιν ὧδε εἶναι.

Give the derivation of Lamp, Astro-nomy, and Thermo- in Thermo-meter.

XII.

There are five Cases—Nominative, Vocative, Accusative, Genitive, and Dative.

The Vocative is commonly the same as the Nominative.

THE ARTICLE.
Singular.

M.	F.	N.
N. ὁ	ἡ	τό, the
A. τόν	τήν	τό, the
G. τοῦ	τῆς	τοῦ, of the
D. τῷ	τῇ	τῷ, to (or for) the

Plural.

N. οἱ	αἱ	τά, the
A. τούς	τάς	τά, the
G. τῶν	τῶν	τῶν, of the
D. τοῖς	ταῖς	τοῖς, to the

Dual.

N.A. τώ	τά	τώ, the (two)
G.D. τοῖν	ταῖν	τοῖν, of or to the (two)

RULE 6.—The Article is used in Greek :—

1. To point out a particular object; as, ὁ δοῦλος πιστός ἐστι, *the slave is faithful* (i.e. *some particular slave*).

2. To denote a whole class, or general idea; as, ὁ λύκος θηρίον ἐστι, *the wolf is a wild beast* (i.e. all *wolves*).

3. To distinguish the Subject from the Predicate; as, θηρίον ἐστὶν ὁ λύκος, *the wolf* (Sub.) is a *wild beast* (Pred.).

XIII.

M.	F.	N.
μακάρῐ-ος	μακαρί-α	μακάρι-ον, *blessed, happy*
ἰσχῡρ-ός	ἰσχυρ-ά	ἰσχυρ-όν, *strong, powerful*
θε-ός, *god*	σοφί-α, *wisdom*	ζῶ-ον, *animal, creature*
διάβολ-ος, *slanderer, devil.*	ὀργ-ή, *anger*	ὅπλ-ον, *weapon*

μέν, *indeed*; δέ, *but, and*; ὁ μέν, *the one*; ὁ δέ, *the other*; οἱ μέν, *some*; οἱ δέ, *others.*

Θεὸς ἦν ὁ λόγος. τίς ἰσχυρός ἐστιν ὡς ὁ θεός; τίς ἐστιν ὁ θεός; ὁ κύριός ἐστιν ὁ θεός. ὁ διάβολος ἰσχυρός ἐστιν, ἀλλὰ κακός. μακάριός ἐστιν ὁ δοῦλος ὁ πιστός. ἡ μὲν δίκη ἀγαθή ἐστιν, ἡ δὲ ὀργὴ οὔ. ἐγὼ μὲν ζῶόν εἰμι, καὶ ὁ ἵππος ζῶόν ἐστιν, ὁ δὲ λύκος θηρίον ἐστι. οἱ μὲν ὧδέ εἰσιν, οἱ δὲ ἐκεῖ. ποῦ ἐστιν ἡ σοφία; ὅπλον ἀγαθόν ἐστιν ἡ σοφία.

XIV.

There are three Declensions of Substantives.

THE FIRST DECLENSION (*A-Nouns*).

The First Declension contains Feminine Nouns with Nominative ending in -α, -η; and Masculine Nouns in -ας, -ης.

FEMININE NOUNS IN -η.

Singular.	Plural.	Dual.
N.V. φων-ή, a voice (f.)	N.V. φων-αί ⎫ voices	N.V.A. φων-ά, (two) voices
A. φων-ήν, a voice	A. φων-άς ⎭	
G. φων-ῆς, of a voice	G. φων-ῶν, of voices	G.D. φων-αῖν, of or to, &c.
D. φων-ῇ, to a voice	D. φων-αῖς, to voices	

FEMININE NOUNS IN -α.

Sing. N.V. θύρ-ā. A. θύρ-αν. G. θύρ-ας. D. θύρ-ᾳ.

Plural and Dual as in φων-ή.

NOTE.— -ας, -ᾳ become -ης, -ῃ, when any consonant except ρ precedes.

THE SECOND DECLENSION (O-Nouns).

The Second Declension contains Nouns with Nominative in -ος, generally Masculine, and in -ον, Neuter.

Singular.	Plural.	Dual.
N. ἱππ-ος, a horse (m)	N.V. ἱππ-οι ⎫ horses	N.V.A. ἱππ-ω, (two) horses
V. ἱππ-ε, O horse	A. ἱππ-ους ⎭	
A. ἱππ-ον, a horse	G. ἱππ-ων, of horses	G.D. ἱππ-οιν, of or to, &c.
G. ἱππ-ου, of a horse	D. ἱππ-οις, to horses	
D. ἱππ-ῳ, to a horse		

Singular.	Plural.	Dual.
N.V.A. ᾠ-όν, an egg(n.)	N.V.A. ᾠ-ά, eggs	N.V.A. ᾠ-ώ, (two) eggs
G. ᾠ-οῦ, of an egg	G. ᾠ-ῶν, of eggs	G.D. ᾠ-οῖν, of or to &c.
D. ᾠ-ῷ, to an egg	D. ᾠ-οῖς, to eggs	

Decline κύρι-ος, δοῦλ-ος, νύμφ-η, λύρ-α, βιβλί-ον, δῶρ-ον.

XV.

Sing. ἔχει, (he, she, it) has	Plur. ἔχουσι(ʼ), (they) have
θαυμάζει, (he, she, it) ad- mires, wonders at	θαυμάζουσι(ν), (they) ad- mire, wonder at

RULE 7.—The Verb agrees with its Nominative in Number and Person.

RULE 8.—Transitive Verbs take an Accusative of the Nearer Object.

NOTE.—In translating take the Nominative, or Subject, *before* the Verb, the Accusative, or Object, *after* it.

ὁ κύριος ἔχει ἵππον. οἱ κύριοι ἵππους ἔχουσιν. ἡ νύμφη λύραν ἔχει. ἡ λύρα ἔχει φωνάς. ὁ ὄνος τὰ μῆλα θαυμάζει. οἱ λύκοι τὰ ἀρνία θαυμάζουσι. τίς οὐ θαυμάζει τὸν ἥλιον καὶ τὴν σελήνην; οἱ δοῦλοι ἄρτον ἔχουσι. τίς ἔχει τὰ βιβλία; τὸ τέκνον τὴν σοφίαν θαυμάζει. οἱ δοῦλοι ὅπλα οὐκ ἔχουσιν. ὁ κύριος τοὺς νόμους θαυμάζει. τὴν μὲν δίκην θαυμάζει, τὴν δὲ ὀργὴν οὐ.

XVI.

Sing. δώσει, (he, she, it) will give | Plur. δώσουσι(ν), (they) will give

RULE 9.—The Genitive is the Case of the Author, or Possessor, and answers to the question, *Of whom? Of what?*

RULE 10.—The Dative is the Case of the Recipient, or Remoter Object, and answers to the question, *To whom? To what? For whom? For what?*

τὸ βιβλίον τοῦ κυρίου καλόν ἐστιν. ἡ στολὴ τῆς νύμφης καλή ἐστιν. οἱ δοῦλοι τῷ κυρίῳ τὸν οἶνον δώσουσιν. ὁ κύριος τῇ νύμφῃ δῶρα δώσει. ὁ νόμος τοῦ θεοῦ δίκαιός ἐστιν. ἡ ὀργὴ τῶν δούλων κακή ἐστι. τοῖς δούλοις ὅπλα οὐ δώσουσιν. οἱ δοῦλοι τοὺς ἵππους τῶν κυρίων ἔχουσι. τοὺς οἴκους τῆς κώμης θαυμάζουσι. τὴν φωνὴν τῆς νύμφης θαυμάζει.

XVII.

DECLENSION OF ADJECTIVES IN -ός, -ή, -όν.

Singular.

M.	F.	N.
N. καλ-ός	καλ-ή	καλ-όν, beautiful .
V. καλ-έ	καλ-ή	καλ-όν, beautiful
A. καλ-όν	καλ-ήν	καλ-όν, beautiful
G. καλ-οῦ	καλ-ῆς	καλ-οῦ, of a beautiful
D. καλ-ῷ	καλ-ῇ	καλ-ῷ, to a beautiful

Plural.

N.V. καλ-οί	καλ-αί	καλ-ά, beautiful
A. καλ-ούς	καλ-άς	καλ-ά, beautiful
G. καλ-ῶν	καλ-ῶν	καλ-ῶν, of beautiful
D. καλ-οῖς	καλ-αῖς	καλ-οῖς, to beautiful

Dual.

N.A.V. καλ-ώ	καλ-ά	καλ-ώ, (two) beautiful
G.D. καλ-οῖν	καλ-αῖν	καλ-οῖν, of or to (two), &c.

Adjectives ending in -ος, -α, -ον decline their Feminine like θύρ-α.
Decline κακ-ός, μικρ-ός, ἅγι-ος.

RULE 11.—Adjectives agree with their Substantives in Gender, Number, and Case.

RULE 12.—Neuter Plurals commonly take a Singular Verb; as, τὰ ὠὰ μικρά ἐστι, the eggs are small.

ὅτι, for, because; εὖ (adv.), well, well done.

οἱ ἰσχυροὶ δοῦλοι. αἱ λυχνίαι λαμπραὶ ἦσαν. ὧδέ εἰσιν ἵπποι καλοί. οἱ μὲν καλοί εἰσιν, οἱ δὲ κακοί. οἱ νόμοι τοῦ θεοῦ δίκαιοί εἰσιν. αἱ φωναὶ τῆς μικρᾶς λύρας καλαί εἰσι. τὰ θηρία ἰσχυρά ἐστιν. ἅγιοι ἔσεσθε ὅτι ἐγὼ ἅγιος. τὰ ἔργα τοῦ θεοῦ καλά ἐστιν. ὡς λαμπρὰ ἄστρα ! οἱ κύριοι πιστοὺς δούλους ἔχουσιν. ἡ νύμφη μικρὰν λύραν ἔχει. εὖ, δούλε ἀγαθὲ καὶ πιστέ. ὁ κύριος ὅπλον τῷ πιστῷ δούλῳ δώσει. τὼ ῥόδω ἐστὸν καλώ. τὰς καλὰς στολὰς θαυμάζει.

XVIII.

NOTE.—γ before γ, κ, χ, ξ, is pronounced as ν ; as, σπόγγος, *sponge*; ἐγκώμιον, *encomium* ; βρόγχος, *throat* ; λάρυγξ, *larynx, windpipe.*

M.	F.	N.
σοφ-ός	σοφ-ή	σοφ-όν, *wise*
μωρ-ός	μωρ-ά	μωρ-όν, *foolish*
πλούσι-ος	πλουσί-α	πλούσι-ον, *rich*
πτωχ-ός	πτωχ-ή	πτωχ-όν, *poor*
ἄγγελ-ος, *messenger, angel*	ἀγγελί-α, *message*	παιδί-ον, *little child*
ἄνθρωπ-ος, *man, human being*	ἄγκυρ-α, *anchor*	πλοῖ-ον, *ship*

RULE 13.—Adjectives are used as Substantives, the word ἄνθρωπος, &c., being understood ; as, ὁ σοφός, *the wise man.*

ὁ σοφὸς βιβλίον ἔχει. τῷ παιδίῳ βιβλίον δώσει ὁ σοφός. οἱ πλούσιοι δούλους ἔχουσιν. οἱ πτωχοὶ ἄρτον οὐκ ἔχουσιν. ὁ πλούσιος ἄρτους τοῖς πτωχοῖς δώσει. ἄνθρωπός τις πλούσιος ἦν. ἡ ἀγγελία τῶν ἀγγέλων πιστὴ ἦν. οἱ ἄγγελοι τοῦ θεοῦ ἅγιοί εἰσι. τίς ἐστι σοφὸς ὡς ὁ θεός; ὁ κύριος δώσει σοφίαν. τὰ πλοῖα μικρὰς ἄγκυρας ἔχει. ὁ βίος τῶν ἀνθρώπων οὐκ ἔστι μακρός.

Give the derivation of Angel, Anchor, Sophist, Larynx, Bronchitis, Hippo-drome (δρόμος, *place for running, course*).

DECLENSION OF ADJECTIVES.

XIX.

Singular.

M.	F.	N.
N. μέγ-ας	μεγάλ-η	μέγ-α, great
V. μέγ-α	μεγάλ-η	μέγ-α, O great
A. μέγ-αν	μεγάλ-ην	μέγ-α, great
G. μεγάλ-ου	μεγάλ-ης	μεγάλ-ου, of great
D. μεγάλ-ῳ	μεγάλ-ῃ	μεγάλ-ῳ, to great

Plural.

N. μεγάλ-οι	μεγάλ-αι	μεγάλ-α, great

etc., like the Plural and Dual of καλός.

Singular.

M.	F.	N.
N.V. πολ-ύς	πολλ-ή	πολ-ύ, much
A. πολ-ύν	πολλ-ήν	πολ-ύ, much
G. πολλ-οῦ	πολλ-ῆς	πολλ-οῦ, of much
D. πολλ-ῷ	πολλ-ῇ	πολλ-ῷ, to much

Plural.

M.	F.	N.
N. πολλ-οί	πολλ-αί	πολλ-ά, many

etc., like the Plural of καλός.

XX.

M.	F.	N.
πρῶτ-ος	πρώτ-η	πρῶτ-ον, first
ἔσχᾰτ-ος	ἐσχάτ-η	ἔσχατ-ον, last
ἀρχαῖ-ος	ἀρχαί-α	ἀρχαῖ-ον, ancien
χρόν-ος, time	ἀρχ-ή, beginning, rule	πεδί-ον, plain
λόγ-ος, word, saying, discourse	ἡμέρ-α, day	κέντρ-ον, thorn,

ἐν, *in* (with Dat.); πρός, *to, towards, with* (with Acc.).

ὁ θεός ἐστιν ὁ πρῶτος καὶ ὁ ἔσχατος. μεγάλα ἐστὶ τὰ ἔργα τοῦ κυρίου. οἱ λόγοι τοῦ θεοῦ ἅγιοί εἰσι. πολλοὶ ἔσονται πρῶτοι ἔσχατοι καὶ ἔσχατοι πρῶτοι. ἵππον μέγαν ἔχει. τὰ ῥόδα ἔχει κέντρα πολλά. ἐν τῷ πεδίῳ ἦσαν θηρία πολλὰ καὶ μεγάλα. οἱ λόγοι τῶν ἀρχαίων σοφοὶ ἦσαν. ἔστιν ὥρα πρώτη τῆς ἡμέρας. ὁ χρόνος μακρός ἐστι. πολὺν οἶνον τῷ μεγάλῳ κυρίῳ δώσει ὁ δοῦλος. ἐν ἀρχῇ ἦν ὁ λόγος, καὶ ὁ λόγος ἦν πρὸς τὸν θεὸν, καὶ θεὸς ἦν ὁ λόγος.

λόγος, joined to another word, has sometimes the wider signification of *knowledge, science.*

Give the derivation of Theo-logy, Geo-logy, Astro-logy, Bio-logy, Chrono-logy, Psycho-logy, Zoo-logy, Archæo-logy, Logic, Chronic, Chronicles, Centre, Arch- (a prefix signifying *ruling, chief*) in Arch-bishop, Arch-angel, &c.; Poly- in Poly-theism (θεός), &c.; Mega-therium, O-mega.

XXI.

Demonstrative Pronoun, οὗτος, *this.*

Singular.

M.	F.	N.
N. οὗτ-ος	αὕτ-η	τοῦτ-ο, *this*
A. τοῦτ-ον	ταύτ-ην	τοῦτ-ο, *this*
G. τούτ-ου	ταύτ-ης	τούτ-ου, *of this*
D. τούτ-ῳ	ταύτ-ῃ	τούτ-ῳ, *to this*

Plural.

N. οὗτ-οι	αὗτ-αι	ταῦτ-α, *these*
A. τούτ-ους	ταύτ-ας	ταῦτ-α, *these*
G. τούτ-ων	τούτ-ων	τούτ-ων, *of these*
D. τούτ-οις	ταύτ-αις	τούτ-οις, *to these*

Dual.

M.	F.	N.
N.A. τούτ-ω	ταύτ-α	τούτ-ω, .these (two)
G.D. τούτ-οιν	ταύτ-αιν	τούτ-οιν, of or to, &c.

NOTE.—οὗτος stands *before* or *after*, but not (except with an adjective) *between* the Article and Noun ; as, οὗτος ὁ λόγος, or ὁ λόγος οὗτος, *this word.*

XXII.

M.	F.	N.
νεκρ-ος	νεκρ-ά	νεκρ-όν, *dead*
ἄργυρ-ος, *silver, money*	πενί-α, *poverty*	τάλαντ-ον, *talent*
χρυσ-ός, *gold*	τύχ-η, *fortune*	δηνάρι-ον, *denarius, penny*
ἀδελφ-ός, *brother*	ἀδελφ-ή, *sister*	

Sing. ἄγει, (he, she, it) brings, leads, *drives* | *Plur.* ἄγουσι(ν), (they) bring, &c.

πέμπει, (he, &c.) *sends* | πέμπουσι(ν), (they) *send*

οὐ μόνον, *not only ;* ἀλλὰ καί, *but also.*

οὗτος ὁ ἄνθρωπος πλούσιός ἐστιν, οὗτος δὲ πτωχός. τὸ παιδίον τοῦτο νεκρόν ἐστιν. οὗτοι οἱ λόγοι πιστοί εἰσιν. ὁ ἀδελφὸς πρὸς τὴν καλὴν ἀδελφὴν δῶρα πέμπει. ἡ κακὴ τύχη πενίαν ἄγει. οἱ πλούσιοι πέμπουσι τάλαντα πολλὰ τοῖς πτωχοῖς τούτοις. ταῦτα τὰ παιδία ἔχει δηνάριον. ἡ τύχη τούτων τῶν δούλων καλή ἐστιν. οὐ μόνον ἄργυρον ἀλλὰ καὶ χρυσὸν ἔχουσι. τούτῳ μὲν δηνάριον δώσει, τούτῳ δὲ τάλαντον.

Give the derivation of Penury, Adelphi, Chrys- in Chrysanthemum, &c.

XXIII.

Remember that εο is contracted into οῦ, and εα into ῆ or ᾶ ; as,

M.	F.	N.
χρύσε-ος or ⎫ χρύσ-ους ⎭	χρυσέ-α or ⎫ χρυσ-ῆ ⎭	χρύσε-ον or ⎫golden χρύσ-ουν ⎭ [silver
ἀργυρ-έος or -οῦς	ἀργυρ-έα or -ᾶ	ἀργυρ-έον or -οῦν,(made of)
τάφ-ος, tomb	φιάλ-η, bowl, bottle	φάρμἄκ-ον, drug, poison
λίθ-ος, stone	σφαῖρ-α, ball, globe	στάδι-ον, furlong
στέφαν-ος, wreath, crown	κεφἄλ-ή, head, chapter	μέτρ-ον, measure

ἐπὶ, upon (with Acc., Gen., or Dat.).

τὰ μὲν τάλαντα χρύσεα ἦν, τὰ δὲ δηνάρια ἀργυρέα. ἡ φιάλη
ἀ‚γυρᾶ ἐστίν, ἡ δὲ σφαῖρα αὕτη χρυσῆ. ὡς καλός ἐστιν ὁ
στέφανος χρυσοῦς ! φάρμακον ἐν τῇ φιάλῃ ἐστίν. ὁ ἄγγελος ἔχει
τὰς φιάλας. οἱ τάφοι οὗτοι λίθους μεγάλους ἔχουσι. τὸ μέτρον
τοῦ πεδίου τούτου στάδιόν ἐστιν. ὁ ἀδελφὸς σφαίραν χρυσῆν τῇ
ἀδελφῇ δώσει. ἔχουσιν ἐπὶ τὰς κεφαλὰς στεφάνους χρυσοῦς.

Give the derivation of Chrono-meter, Thermo-meter, Geo-metry,
Metre, Sphere, Hemi-sphere (ἡμι-, half), Spherical, Vial, Stephen,
Pharmacy, Epi-taph, Litho-graph (γραφή, writing, drawing).

XXIV.

PERSONAL PRONOUNS.

FIRST PERSON.	SECOND PERSON.	THIRD PERSON. (Reflexive.)
Singular.	*Singular.*	*Singular.*
N. ἐγώ, *I*	σύ, *thou*	wanting
A. ἐμέ, μέ, *me*	σέ, *thee*	ἕ, *himself*
G. ἐμοῦ, μοῦ, *of me*	σοῦ, *of thee*	οὗ, *of himself*
D. ἐμοί, μοί, *to me*	σοί, *to thee*	οἷ, *to himself*
Plural.	*Plural.*	*Plural.*
N. ἡμεῖς, *we*	ὑμεῖς, *ye*	σφεῖς) *themselves*
A. ἡμᾶς, *us*	ὑμᾶς, *you*	σφᾶς ∫ Neut. σφέα
G. ἡμῶν, *of us*	ὑμῶν, *of you*	σφῶν, *of themselves*
D. ἡμῖν, *to us*	ὑμῖν, *to you*	σφίσι, *to themselves*
Dual.	*Dual.*	*Dual.*
N.A. νώ, *we, us (two)*	σφώ, *ye, you (two)*	σφωέ, *themselves*
G.D. νῷν, *of or to us*	σφῷν, *of or to you*	σφωΐν, *of or to themselves*

Decline the following like καλός, but with Neuter Nom. and Acc. in -o :—

M.	F.	N.
αὐτ-ός	αὐτ-ή	αὐτ-ό, *he, she, it (self)*
ὁ αὐτ-ός	ἡ αὐτ-ή	τὸ αὐτ-ό, *the same*
ἐκεῖν-ος	ἐκείν-η	ἐκεῖν-ο, *that*
ἄλλ-ος	ἄλλ-η	ἄλλ-ο, *other, another*

A. ἑαυτ-όν (or αὑτόν), ἑαυτ-ήν, ἑαυτ-ό, *himself, herself, itself,* has neither Nominative Case nor Dual Number.

Pl. A. ἀλλήλ-ους, ἀλλήλ-ας, ἀλλήλ-α, *one another,* has neither Nominative Case nor Singular Number.

c

XXV.

M.	F.	N.
ἕκαστ-ος	ἑκάστ-η	ἕκπστ-ον, each
φίλ-ος (ὁ φ. the friend)	φίλ-η	φίλ-ον, friendly, dear,
ἐχθρ-ός (ὁ ἐ. the enemy)	ἐχθρ-ά	ἐχθρ-όν, hostile [loving
υἱ-ός, son	φυλᾰκ-ή, guard, prison	κρᾱνί-ον, skull
θάνᾰτ-ος, death	ἐπιστολ-ή, letter	σπήλαι-ον, cave
κροκόδειλ-ος, crocodile	γλῶσσ-α or γλῶττ-α, tongue, language	

Sing. γράφει, (he) writes, draws, describes | Plur. γράφουσι(ν), (they) write.
ὁ ἑαυτοῦ, his own.

ἐγώ εἰμι ὁ φίλος σου. σὺ εἶ ὁ υἱός μου. ταῦτά σοι γράφει. τὸν
ἑαυτοῦ υἱὸν πέμπει. οἱ φιλοὶ ἐπιστολὰς ἀλλήλοις γράφουσιν. ὁ
κροκόδειλος γλῶτταν ἔχει. ἔσχατος ἐχθρός ἐστιν ὁ θάνατος. οἱ
ἐχθροὶ ἡμῶν ἐν φυλακῇ εἰσίν. αἱ θύραι τῆς φυλακῆς ἐκείνης
μεγάλαι καὶ ἰσχυραί εἰσιν. ἐν τῷ σπηλαίῳ κρανία ἦν πολλά. τίς
ἡμῖν ἄρτους δώσει; ἡ πενία τοῖς πτωχοῖς ἐχθρά ἐστι. τὰ ἔργα
αὐτῶν κακὰ ἦν. δώσει ἑκάστῳ τὸ ἔργον αὐτοῦ.

Give the derivation of Philo-sophy, Phil-ip (ἵππος), Philo-logy, Phil-
anthropy, Phil-adelphia, Theo-philus, Epistle, Cranium, Poly-glot,
Glossary.

XXVI.
THE RELATIVE PRONOUN.
Singular.

	M.	F.	N.	
N.	ὅς	ἥ	ὅ, who, which, what	
A.	ὅν	ἥν	ὅ, whom, which, what	
G.	οὗ	ἧς	οὗ, whose, of whom, of which	
D.	ᾧ	ᾗ	ᾧ, to whom, to which	

Plural and Dual like καλός.

RULE 14.—The Relative agrees with its Antecedent in Gender, Number, and Person, but takes its Case from its own clause.

NOTE.—In translating a Relative clause, begin with the Relative, and supply, if necessary, the Nominative (*he, they,* &c.) between the Relative and the Verb; as, ἡ ἐπιστολὴ, ἣν γράφει, *the letter, which* (he) *writes.*

Sing. ἐποίησε(ν), *he made, did.* | *Plur.* ἐποίησαν, *they made, did.*

ὁ ἵππος, ὃν ἄγει ὁ ἄνθρωπος, λευκός ἐστιν. αἱ ἐπιστολαὶ, ἃς γράφουσι, καλαί εἰσιν. οἱ δοῦλοι, οὓς πέμπουσιν, ἰσχυροί εἰσι. τὰ ἔργα, ἃ ἐποίησεν ὁ θεὸς, μεγάλα ἦν. ταῦτα, ἃ ἐποίησαν, καλὰ ἦν. τὸ βιβλίον, ὃ ἔχει τὸ παιδίον, μέγα ἐστί. τὸ παιδίον, ᾧ δώσει τὸ βιβλίον, οὐκ ἔστιν ὧδε· ἄλλο βιβλίον ἔχει. εἰμὶ ὃ εἰμί. ὃ ἔχει δώσει. ὁ κύριος, οὗ εἰμι δοῦλος, ἀγαθός ἐστι. καλή ἐστιν ἡ ἀδελφὴ, ἣν θαυμάζει ὁ ἀδελφός.

XXVII.

M.	F.	N.
ὅμοι-ος (with Dat.)	ὁμοί-α	ὅμοι-ον, *like*
ποτἄμ-ός, *river*	μάχ-η, *battle*	ἄριστ-ον, *breakfast*
στρἄτ-ός, *army*	ῥώμ-η, *strength*	δεῖπν-ον, *dinner, supper*
φόβ-ος, *fear, dread*	νίκη, *victory*	τόξ-ον, *bow*
πόλεμ-ος, *war*	εἰρήν-η, *peace*	φύλλ-ον, *leaf*

RULE 15.—The Genitive is often placed *between* the Article and its Substantive; as, τὸ τοῦ παιδίου βιβλίον, *the child's book*

(the of the child   book)

ὁ τοῦ θανάτου φόβος κακός ἐστί. τὴν τοῦ ἵππου ῥώμην θαυμάζει. ἐν τῷ ποταμῷ κροκόδειλοί εἰσι πολλοί. ἰδοὺ τὸ ἄριστόν μου. τὰ τῶν δένδρων φύλλα πολλά ἐστιν. ὁ μὲν πόλεμος κακός ἐστιν, ἡ δὲ εἰρήνη ἀγαθή. ὁ στρατὸς ἐν τῷ πεδίῳ ἦν. ἐν ταύτῃ

τῇ μάχῃ τόξα πολλὰ ἔχουσιν. ὑμῖν ἐστιν ἡ νίκη. ἄνθρωπός τις
ἐποίησε δεῖπνον μέγα. οὗτός ἐστιν ὁ υἱὸς ὑμῶν; ὅμοιος αὐτῷ
ἐστιν. ἔστιν ἄλλα πολλὰ ἃ ἐποίησε.

Give the derivation of Rome, Polemic, Hippo-potamus.

XXVIII.

M.	F.	N.
μόν-ος	μόν-η	μόν-ον, alone, solitary
καθᾰρ-ός	καθαρ-ά	καθαρ-όν, clean, pure
μῦθ-ος, tale, fable	σκι-ά, shadow, shade	σημεῖ-ον, sign, miracle
τόπ-ος, place	σκην-ή, tent, tabernacle	θεμέλι-ον, foundation
ἀριθμ-ός, number	ζών-η, girdle, belt	εἴδωλ-ον, image
πέτρ-ος, stone, rock	πέτρ-α, rock (solid)	
οὐρᾰν-ός, heaven, sky		
πύργ-ος, tower		

RULE 16.—After a Preposition, the Article is sometimes omitted.

ἐν ἀρχῇ ἐποίησεν ὁ θεὸς τὸν οὐρανὸν καὶ τὴν γῆν. αὐτός ἐστιν
ὁ θεὸς μόνος. ἔσται σημεῖα ἐν ἡλίῳ καὶ σελήνῃ καὶ ἄστροις. ὁ
ἀδελφὸς τῇ ἀδελφῇ ζώνην χρυσῆν πέμπει. ὑμεῖς καθαροί ἐστε.
ὁ ἀριθμὸς τῶν ἀνθρώπων μέγας ἦν. ποῦ εἰσιν αἱ σκηναὶ αὐτῶν;
ἐν τῷ τόπῳ τούτῳ πύργος μέγας ἦν. τὰ τοῦ πύργου θεμέλια ἐπὶ
τῇ πέτρᾳ ἐστί. ἐν τούτῳ τῷ πέτρῳ σπήλαιον μέγα ἦν. σκιά
ἐστιν ἡμῶν ὁ βίος. ὁ λόγος τῆς ψυχῆς εἴδωλόν ἐστι. πολλοὶ
ἦσαν οἱ τῶν ἀρχαίων μῦθοι.

Give the derivation of Arithmetic, Peter, Petrify, Catharine, Idol,
Myth, Mytho-logy, Zone, Scene, Uranus, Mono-logue, Mon-arch, Topo-
graphy.

XXIX.

CONJUGATION OF THE VERB IN -ω—ACTIVE VOICE.
INDICATIVE MOOD.

PRESENT TENSE.	IMPERFECT TENSE.
S. λύ-ω, I *loose*	S. ἔ-λύ-ον, I was ⎫
λύ-εις, thou *loosest*	ἔ-λυ-ες, thou wast ⎪
λύ-ει, he *looses*	ἔ-λυ-ε, he was ⎪
Pl. λύ-ομεν, we *loose*	Pl. ἐ-λύ-ομεν, we were ⎬ *loosing*
λύ-ετε, ye *loose*	ἐ-λύ-ετε, ye were ⎪
λύ-ουσι, they *loose*	ἔ-λυ-ον, they were ⎪
D. λύ-ετον, ye *or* they two *loose*	D. ἐ-λυ-έτην, ye *or* they two were ⎭

FUTURE TENSE.	FIRST AORIST TENSE.
S. λύ-σω, I shall ⎫	S. ἔ-λύ-σἄ, I *loosed*
λύ-σεις, thou wilt ⎪	ἔ-λυ-σἄς, thou *loosedst*
λύ-σει, he will ⎪	ἔ-λυ-σε, he *loosed*
Pl. λύ-σομεν, we shall ⎬ *loose*	Pl. ἐ-λύ-σἄμεν, we *loosed*
λύ-σετε, ye will ⎪	ἐ-λύ-σἄτε, ye *loosed*
λύ-σουσι, they will ⎪	ἔ-λυ-σαν, they *loosed*
D. λύ-σετον, ye *or* they two will ⎭	D. ἐ-λυ-σἄτην, ye or they two *loosed*

PERFECT TENSE.	PLUPERFECT TENSE.
S. λέλύ-κἄ, I have ⎫	S. ἐ-λελύ-κειν, I had ⎫
λέλυ-κἄς, thou hast ⎪	ἐ-λελύ-κεις, thou hadst ⎪
λέλυ-κε, he has ⎪	ἐ-λελύ-κει, he had ⎪
Pl. λελύ-κἄμεν, we have ⎬ *loosed*	Pl. ἐ-λελύ-κειμεν, we had ⎬ *loosed*
λελύ-κἄτε, ye have ⎪	ἐ-λελύ-κειτε, ye had ⎪
λελύ-κᾱσι, they have ⎪	ἐ-λελύ-κεσαν (or -κει-σαν), they had ⎪
D. λελύ-κἄτον, ye *or* they two have ⎭	D. ἐ-λελυ-κείτην, ye *or* they two had ⎭

Some Verbs have a Second Aorist Tense, with Tense-endings like the Imperfect, and the English like the First Aorist; and a Second Perfect with Tense-endings like the Perfect. (λύω has neither.)

NOTE.—ν is added to -ε of the Third Person Singular and -σι of the Third Person Plural, when the next word begins with a vowel.

XXX.

Verbs in -ω are divided into classes according to the character of the Stem (i.e. the letter preceding -ω, see Lesson 2).

VOWEL VERBS.

PRESENT.	FUTURE.	PERFECT.	
λύω	λύσω	λέλυκα,	I loose, undo, break
κλείω	κλείσω	κέκλεικα,	I shut, enclose
σείω	σείσω	σέσεικα,	I shake
θύω	θύσω	τέθυκα,	I slay, sacrifice
παύω	παύσω	πέπαυκα,	I cause to cease, stop

The Present, Future, and Perfect are called *Primary* Tenses.

The Imperfect, Aorists, and Pluperfect are called *Historic* Tenses.

The Future Active is formed from the Present by changing -ω into -σω; as, λύ-ω, λύ-σω.

The Perfect has usually a *Reduplication* (or repetition of the first consonant with ε) prefixed to the stem, as λε- in λέ-λυ-κα, when the verb begins with a single consonant. But the aspirates θ, φ, χ in reduplication become τ, π, κ; and ζ, ξ, ψ prefix only the Augment ε.

Verbs with the Future in -σω make the Perfect in -κα.

ἐγὼ λύω τὸν δοῦλον. οἱ δοῦλοι τοὺς ἵππους λύουσι. τί λύετε τὸν ὄνον; οὐ λύσομεν τὰ θηρία. σὺ τὸν ὄνον λέλυκας. τὸν πύργον σείετε. ὁ θεὸς σείσει τὴν γῆν. ὁ πλούσιος τέθυκε. τί τὸ ἀρνίον θύεις; τὴν τοῦ οἴκου θυρὰν κλείομεν. τίς τὰς θύρας τῆς φυλακῆς κέκλεικε; παύσομεν πόλεμον. ὁ χρόνος οὐ παύει τὴν ὀργήν. ὁ θάνατος τὴν ψυχὴν λύει. οἱ κακοὶ οὗτοι τὸν νόμον λελύκασι.

XXXI.

Present.	Future.	Perfect.	
κελεύω	κελεύσω	κεκέλευκα,	I order, command
πιστεύω	πιστεύσω	πεπίστευκα,	I believe
βασιλεύω	βασιλεύσω		I reign
δουλεύω	δουλεύσω	δεδούλευκα,	I serve
καλέω	καλέσω	κέκληκα,	I call, invite
τελέω	τελέσω	τετέλεκα,	I end, finish, accomplish

The Historic Tenses of the Active Voice are formed from the Primary Tenses, by prefixing the Syllabic Augment ε-, and changing

Present -ω to Imperfect -ον; as, λύ-ω, ἔ-λυ-ον,

Future -ω to First Aorist -α; as, λύσ-ω, ἔ-λυσ-α,

Perfect -α to Pluperfect -ειν; as, λέλυκ-α, ἐ-λελύκ-ειν.

ὁ κύριος κελεύει. οἱ δοῦλοι δουλεύσουσι. τί οὐ πιστεύετε; τίς ὑμῖν πιστεύσει; οἱ γὰρ λόγοι ὑμῶν οὐ πιστοί εἰσιν. ἔλυον τὸν δοῦλον. τοὺς δούλους ἐλελύκεσαν. πολλὰ ἀρνία ἔθυσαν. τὰς τοῦ οἴκου θύρας ἔκλεισε. τί τὸ δένδρον ἐσείσατε; τὸν υἱόν μου ἐκάλεσα. οὐκ ἐπίστευσαν τῷ λόγῳ αὐτοῦ. ἔσειε τὰ θεμέλια τοῦ οἴκου. πολλοὶ ἐπίστευον αὐτῷ. ὁ ἀδελφὸς τὴν ἀδελφὴν ἐκεκλήκει. ὁ κύριος βασιλεύσει. ὁ ἵππος ἐδούλευσε τῷ ἀνθρώπῳ. τὸ ἔργον μου τετέλεκα.

XXXII.

LABIAL VERBS (*P-sounds*).

Verbs in -πω, -πτω, -βω, and -φω generally make the Future in -ψω, and the Perfect in -φα.

PRESENT.	FUTURE.	PERFECT.	
βλέπω	βλέψω	βέβλεφα,	*I look, see, take care*
κόπτω	κόψώ	κέκοφα,	*I knock, beat, cut down*
βάπτω	βάψω		*I dip*
τρίβω	τρίψω	τέτρῐφα,	*I rub, pound, wear out*
γράφω	γράψω	γέγρᾰφα,	*I write, draw, describe*
λάμπω	λάμψω	(2 Perf.) λέλαμπα,	*I shine*

Observe that the double letter ψ stands for πσ, (πτσ), βσ, φσ, the σ-sound still remaining as the sign of the Future.

αεί (adv.), *always, ever, for ever.*

ὁ θεὸς ἀεί σε βλέπει. εἰς ὑμᾶς ἐβλέψαμεν. ἐγὼ δένδρον γράφω. ταῦτα ἔγραψα ὑμῖν. ὃ γέγραφα, γέφραφα. ὁ υἱὸς ἐπιστολὴν ἐγεγράφει. ὁ ἥλιος λάμπει. ἡ σελήνη ἣ λάμπει μακρά ἐστιν. ὁ λύχνος ἔλαμψε. τὴν θύραν κόψομεν. οἱ δοῦλοι δένδρα ἔκοπτον. βάψω τὴν κεφαλήν μου. ὁ δοῦλος τὸν ἵππον ἔτριβε. τὸ φάρμακον τρίψουσιν. ὡς καλή ἐστιν ἡ ἐπιστολὴ, ἣν γέγραφας!

Give the derivation of Baptism, Auto-graph, Cali-graphy.

XXXIII.

PRESENT.	FUTURE.	PERFECT.	2 AORIST.	
τύπτω	τύψω	τέτῠφα	ἔτῠπον,	*I strike*
κρύπτω	κρύψω	κέκρῠφα	ἔκρῠβον,	*I hide, conceal*
τρέπω	τρέψω	τέτροφα	ἔτρᾰπον,	*I turn, change*
λείπω	λείψω	(2) λέλοιπα	ἔλῐπον,	*I leave, fail*
κλέπτω	κλέψω	κέκλοφα		*I steal*
πέμπω	πέμψω	πέπομφα		*I send*

οἱ λύκοι κλέπτουσιν. ὁ λύκος κλέψει τὸ ἀρνίον. τί κλέπτετε;
οὐ κλέψεις. ὁ δοῦλος τάλαντον ἔκλεψεν. ἔκρυψα τὸ τάλαντόν
σου ἐν τῇ γῇ. τύπτομεν ἀλλήλους. ἡ σφαῖρα τὴν κεφαλήν μου
ἐτετύφει. ¯τὸν ἀδελφόν σου ἔτυπες. τίς ἔτυψε τὸν φίλον μου;
ἡ σοφία τὴν καρδίαν ἔτραπε. τὸν χρυσὸν ἐν τῇ ζώνῃ ἔκρυβεν. ἡ
τῆς γῆς σκιὰ τὸν ἥλιον ἐκεκρύφει. τὼ ἀδελφὼ ἐπεμπέτην εἰς τὸν
οἶκόν μου. τὸν ἑαυτοῦ υἱὸν πέπομφε. τί με ἔλειψας; ὁ χρόνος
λείπει.

Give the derivation of Crypt, Helio-trope, Tropics, Trophy, Type,
Proto-type, Klepto-mania (μανία, madness).

XXXIV.

GUTTURAL VERBS (K-sounds).

Verbs in -κω, -γω, -χω make the Future in -ξω, and the Perfect
in -χα.

PRESENT.	FUTURE.	PERFECT.	2 AORIST.	
λέγω	λέξω	λέλεχα		I say, tell
ἄγω	ἄξω	ἦχα	ἤγαγον,	I bring, lead, drive
φεύγω	φεύξομαι	(2) πέφευγα	ἔφυγον,	I flee, avoid
ἥκω	ἥξω			I am come, am here
διώκω	διώξω	δεδίωχα		I hunt, pursue, persecute
ἔχω	ἕξω or σχήσω	ἔσχηκα	ἔσχον	I have, possess
ἀνοίγω	ἀνοίξω	ἀνεῴχα		I open

The double letter ξ in the Future stands for κσ, γσ, or χσ.

When the Verb begins with a vowel the Syllabic Augment ε is not
prefixed, but short vowels are changed into long. This is called the
Temporal Augment.

$\left. \begin{array}{c} a \\ \epsilon \end{array} \right\}$ are changed into η

o is changed into ω

In diphthongs the ι is subscript:

αι is changed into η

οι is changed into ῳ

But ἔχω makes the Imperfect εἶχον, and ἀνοίγω has the First Aorist ἀνέῳξα and ἤνοιξα. Futures in -ομαι are declined like ἔσ-ομαι (Lesson 9).

Verbs beginning with a vowel take the Temporal Augment instead of the Reduplication.

βιβλίον μέγα ἔχω. καινὴν στολὴν ἕξεις. τί ἔχετε; τὸ ῥόδον πολλὰ κέντρα εἶχεν. ἐγὼ ἔσχον πιστὸν φίλον. ἡμεῖς λέγομεν καὶ γράφομεν. ἐγώ σοι μῦθον λέξω. σὺ γράψεις ὃ λέγω. μόνος ἥκω. ἥξει ἡ ἡμέρα αὕτη. σὺ τί λέλεχας; πολλὰ καλὰ ἔλεγεν αὐτοῖς. θάνατον ἦγε πόλεμος. τοὺς λύκους διώξομεν. τὸν μὲν πόλεμον διώκετε, τὴν δὲ εἰρήνην οὔ. ἐδίωξα τὸν δοῦλον τὸν κακόν. ἔφυγον οἱ κακοί. ἀνέῳξέ μου τοὺς ὀφθαλμούς. ὁ ἄγγελος τοῦ κυρίου ἤνοιξε τὰς θυρὰς τῆς φυλακῆς.

Give the derivation of Lexicon, Ped-agogue (παιδίον), Dem-agogue (δῆμος, *common people*), Syn-agogue (σύν, *together*), Strat-agem.

XXXV.

IMPERATIVE MOOD.	CONJUNCTIVE MOOD.

PRESENT.

S. λύ-ε, *loose* thou
λυ-έτω, let him *loose*
Pl. λύ-ετε, *loose* ye
λυ-έτωσαν ⎫
or -όντων ⎬ let them *loose*
D. λύ-ετον, *loose* ye (two)
λυ-έτων, let them *loose*

PRESENT.

S. λύ-ω, I may
λύ-ῃς, thou mayst
λύ-ῃ, he may
Pl. λύ-ωμεν, we may
λύ-ητε, ye may
λύ-ωσι, they may [may ⎫ *loose*
D. λύ-ητον, ye *or* they (two)⎭

FIRST AORIST.

S. λῦ-σον, *loose* thou
λυ-σάτω, let him *loose*
Pl. λύ-σἄτε, *loose* ye
λυ-σάτωσαν ⎫
or -σάντων ⎬ let them *loose*
D. λύ-σἄτον, *loose* ye (two)
λυ-σάτων, let them *loose*

FIRST AORIST.

S. λύ-σω, I may
λύ-σῃς, thou mayst
λύ-σῃ, he may
Pl. λύ-σωμεν, we may
λύ-σητε, ye may
λύ-σωσι, they may ⎫ *loose*
D. λύ-σητον, ye *or* they (two) may⎭

PERFECT (rarely used).

S. λέλυ-κε, do thou
λελυ-κέτω, let him
Pl. λελύ-κετε, do ye
λελυ-κέτωσαν ⎫
or -κόντων ⎬ let them
D. λελύ-κετον, do ye (two)
λελυ-κέτων, let them

have loosed

PERFECT (rarely used).

S. λελύ-κω, I may
λελύ-κῃς, thou mayst
λελύ-κῃ, he may
Pl. λελύ-κωμεν, we may
λελύ-κητε, ye may
λελύ-κωσι, they may
D. λελύ-κητον, ye *or* they (two) may

have loosed

The Second Aorist Imperative and Conjunctive have the same Tense-endings as the Present.

NOTE.—The Augment is used only in the Indicative.

Some Moods of the Aorist have the same English as the Present; but it must be remembered that the Greek Aorist denotes a *single definite* or *completed* action, while the Present speaks of the action as *indefinite*, or *continuing*.

Go through the Tenses of the Imperative and Conjunctive of κελεύω, τύπτω, γράφω, and λέγω.

XXXVI.

IMPERATIVE MOOD.

εἶδον, *I saw* (Present not used), Imper. ἴδε, Conj. ἰδώ, Infin. ἰδεῖν, *to see.*

εἶπον, *I said* (Present not used), Imper. εἰπέ, &c.

πότε, *when ?* μή (with Conjunctive or Imperative), *not.*

NOTE.—μή at the beginning of an Interrogative sentence merely suggests the answer *No*, and is not translated.

κεφαλὴν τρέπε. ταῦτα λεξάτω. πόλεμον παύσατε, φίλοι. βλέψον εἰς ἡμᾶς. ταῦτα εἰς βιβλίον γράψατε. κόπτετε τὴν θύραν. λέγε μοι, σὺ πρῶτος εἶ; πέμπετε αὐτὸν εἰς τὸν οἶκον τοῦ ἀδελφοῦ μου. λέξον μοι ἃ εἶδες. μὴ λεγέτω τοῦτο. μὴ σὺ τοῦτο κέκλοφας; ὃ βλέπεις γράψον εἰς βιβλίον. λύσατε τὸν ὄνον καὶ ἄξατέ μοι. φευγέτωσαν εἰς τὴν γῆν ταύτην. εἰπὲ ἡμῖν, πότε ταῦτα ἔσται; θύσατε τὸ ἀρνιόν. ἴδε τὸν τόπον.

XXXVII.

Conjunctive Mood.

ἄν with the Conjunctive indicates *possibility*, but is not translatable ; εἰ, with Indicative, *if* ; ἐάν (εἰ ἄν), with Conjunctive, *if* ; ἵνα, ὅπως, *in order that* ; ἵνα μή, *lest* ; ὅταν (ὅτε ἄν), *when* ; πῶς, *how* ; ὅτι, *that*.

οἶδα (Perf.), *I know* ; ᾔδειν (Plup.), *I knew*.

(S. οἶδα, οἶσθα, οἶδε ; Pl. ἴσμεν, ἴστε, ἴσασι ; D. ἴστον.)

Pres. ἀκού-ω, (Fut.) ἀκούσομαι or ἀκούσω, (Perf.) ἀκήκοα or ἤκουκα, *I hear* (commonly with Genitive).

Note.—μή, with the Aorist of the Conjunctive forbids some *particular* action.

μὴ κλέπτε. μὴ κλέψῃς τοῦτο. λέγε ἵνα ἀκούσω. τὸν ἄργυρον κρύπτουσιν, ἵνα μή τις κλέψῃ. φεύγομεν ὅπως ἂν διώκητε. ἐάν τι ἔχῃ, δώσει. ταῦτα λέλεχα ὑμῖν ἵνα εἰρήνην ἔχητε. κελεύω σε ἵνα πέμψῃς εἰς τὸν οἶκον τοῦ ἀδελφοῦ μου. ἥκω ἵνα ἴδω. ἥξει ἵνα κλέψῃ. ὅταν διώκωσιν ὑμᾶς, μὴ φεύγετε. οὐκ οἶδα τί λέγεις. ὃ ἀκηκόαμεν, τοῦτο λέγομεν. βλέπετε πῶς ἀκούετε. οἶδα ὅτι ἤκουσας ἡμῶν. ἴδε, οὗτοι ἴσασιν ἃ εἶπον ἐγώ.

XXXVIII.

OPTATIVE MOOD.

PRESENT.		FIRST AORIST.	
S. λύ-οιμι, I might λύ-οις, thou mightst λύ-οι, he might Pl. λύ-οιμεν, we might λύ-οιτε, ye might λύ-οιεν, they might D. λυ-οίτην, ye _or_ they (two) might	*loose*	S. λύ-σαιμι, I might λύ-σαις, thou mightst λύ-σαι, he might Pl. λύ-σαιμεν, we might λύ-σαιτε, ye might λύ-σαιεν, they might D. λυ-σαίτην, ye _or_ they (two) might	*loose*
FUTURE.		PERFECT (rarely used).	
S. λύ-σοιμι, I might λύ-σοις, thou mightst λύ-σοι, he might Pl. λύ-σοιμεν, we might λύ-σοιτε, ye might λύ-σοιεν, they might D. λυ-σοίτην, ye _or_ they (two) might	*loose*	S. λελύ-κοιμι, I might λελύ-κοις, thou mightst λελύ-κοι, he might Pl. λελύ-κοιμεν, we might λελύ-κοιτε, ye might λελύ-κοιεν, they might D. λελυ-κοίτην, ye _or_ they (two) might	*have loosed*

The Tense-endings of the Second Aorist are like the Present.

The Optative sometimes expresses a wish, *may I loose.*

INFINITIVE MOOD.

Present	λύ-ειν, to *loose*
Future	λύ-σειν, to be about to *loose*
First Aorist	λῦ-σαι, to *loose*
Perfect	λελυ-κέναι, to have *loosed* •

The Infinitive with the Neuter Article is used as a Substantive, το λύειν, *the loosing*; τοῦ λύειν, *of loosing*; ἐν τῷ λύειν, *in loosing*, or *while (he was) loosing.*

MOODS OF THE PRESENT OF εἰμί.

IMPERATIVE	CONJUNCTIVE
S. ἴσθι, *be thou*	S. ὦ, *I may be*
ἔστω, *let him be*	ᾖς, *thou mayst be*
Pl. ἔστε, *be ye*	ᾖ, *he may be*
ἔστωσαν or ἔστων, } *let them be*	Pl. ὦμεν, *we may be*
	ἦτε, *ye may be*
D. ἔστον, *be ye (two)*	ὦσι, *they may be*
ἔστων, *let them be*	D. ἦτον, *ye or they (two) may be*

OPTATIVE
S. εἴην, *I might be*
εἴης, *thou mightst be*
εἴη, *he might be*
Pl. εἴημεν, *we might be*
εἴητε, *ye might be*
εἴησαν or εἶεν, *they might be*
D. εἰήτην, *ye or they (two) might be*

XXXIX.

M.	F.	N.
ἄξι-ος	ἀξί-α	ἄξι-ον (with Gen.), *worthy*

ὅς ἐὰν, &c., *whoever, whatever ;* οὖν, *therefore, then ;* δεῖ, *(one) must, it is necessary ;* πάλιν, *again ;* ἕως, *until.*

RULE 17.—The latter of two Verbs is put in the Infinitive Mood.

RULE 18.—The Subject of an Infinitive is put in the Accusative; as, δεῖ σε ἀκούειν, *it is necessary* that *you* (Acc.) *should-hear* (Inf.), or *you must hear.*

RULE 19.—After ἵνα, ὅπως, &c., the Conjunctive follows the Principal tenses, the Optative the Historical tenses.

κέλευσον τὸν δοῦλον ἄρτους ἄγειν. οὐ καλόν ἐστι φεύγειν. οὐ δεῖ σε ταῦτα λέγειν. τὸν φίλον μὴ τύπτε, κακὸν γάρ ἐστι φίλον τύπτειν. ἥκομεν οὖν ἀκοῦσαι τοὺς λόγους σου. δεῖ ὑμᾶς τοῦτο γράψαι. ἄξιος εἶ ἀνοῖξαι τὸ βιβλίον. πολλοὶ ἐπίστευον αὐτῷ ἐν τῷ ἀκούειν αὐτοῦ καὶ βλέπειν τὰ σημεῖα ἃ ἐποίησεν. ἥκω ἵνα τὴν ἀγγελίαν ἀκούω. ᾔδειν ὅτι ἥξοις. ἔστω οὗτος ὑμῶν δοῦλος. ἴσθι ἐκεῖ ἕως ἂν εἴπω σοι. ὃ ἐὰν ᾖ δίκαιον, δώσει ὑμῖν.

CONTRACTIONS OF VERBS IN —εω.

XL.
φιλέω or φιλῶ, *I love.*

INDICATIVE, PRESENT	IMPERFECT
S. φιλ-έω, —ῶ	S. ἐ-φίλ-εον, —ουν
φιλ-έεις, —εῖς	ἐ-φίλ-εες, —εις
φιλ-έει, —εῖ	ἐ-φίλ-εε, —ει .
Pl. φιλ-έομεν, —οῦμεν	Pl. ἐ-φιλ-έομεν, —οῦμεν
φιλ-έετε, —εῖτε	ἐ-φιλ-έετε, —εῖτε
φιλ-έουσι, —οῦσι	ἐ-φίλ-εον, —ουν
D. φιλ-έετον, —εῖτον	D. ἐ-φιλ-εέτην, —είτην

IMPERATIVE, PRES.	CONJUNCTIVE, PRES.
S. φιλ-εε, —ει	S. φιλ-έω, —ῶ
φιλ·εέτω, —είτω	φιλ-έῃς, —ῇς
Pl. φιλ-έετε, —εῖτε	φιλ-έῃ, —ῇ
φιλ-εέτωσαν, —είτωσαν ⎱	Pl. φιλ·έωμεν, —ῶμεν
or —εόντων, —ούντων ⎰	φιλ-έητε, —ῆτε
D. φιλ-έετον, —εῖτον	φιλ·έωσι, —ῶσι
φιλ-εέτων, —είτων	D. φιλ-έητον, —ῆτον

OPTATIVE, PRES.	INFINITIVE, PRES.
S. φιλ-έοιμι, —οῖμι	
φιλ-έοις, —οῖς	φιλ-έειν, —εῖν
φιλ-έοι, —οῖ	
Pl. φιλ-έοιμεν, —οῖμεν	PARTICIPLE, PRES.
φιλ-έοιτε, —οῖτε	
φιλ-έοιεν, —οῖεν	φιλ-έων, —ῶν
D. φιλ-εοίτην, —οίτην	

D

Rule for Contractions: εε becomes ει, and εο becomes ου; ε is dropped before a long vowel or diphthong.

NOTE.—The other tenses of the Verb are not contracted.

XLI.

Most Verbs in -έω make the Future in -ήσω; Perfect in -ηκα.

PRESENT.	FUTURE.	PERFECT.
φιλέω	φιλήσω	πεφίληκα, I love (as a friend)
μῖσέω	μισήσω	μεμίσηκα, I hate
λᾰλέω	λαλήσω	λελάληκα, I talk, say
ποιέω	ποιήσω	πεποίηκα, I make, do
ζητέω	ζητήσω	ἐζήτηκα, I seek, look for
θέλω (or ἐθέλω)	θελήσω (or ἐθελήσω)	τεθέληκα, I wish, desire

ὅσ-ος, -η, -ον, whosoever, whatsoever, as many as; οὕτω or οὕτως, thus, so; οἴδατε = ἴστε, from οἶδα (37).

φιλεῖς με; αὐτὸν ἐμίσουν. ὁ ἀδελφὸς φιλεῖ τὴν ἀδελφήν. τί ἐζητεῖτε; οἶδα ὅτι με ζητεῖτε. ποίησον ἀγαθόν, ζητήσον εἰρήνην καὶ δίωξον αὐτήν. εἰ ταῦτα οἴδατε, μακάριοί ἐστε ἐὰν ποιῆτε αὐτά. ἐγὼ ποιήσω ἃ δεῖ με ποιήσειν. πολὺ λαλεῖν οὐκ ἀγαθόν ἐστι. τί ζητεῖτε ποιεῖν; ἐζήτουν αὐτῷ λαλῆσαι. τούτους μὲν φιλοῦμεν, τούτους δὲ οὔ. μὴ ποιήσῃς τοῦτο. τί πεποιήκασιν. ἤκουσεν αὐτὸν πεποιηκέναι τοῦτο. τί θέλεις ποιήσω σοι; ὅσα ἂν θέλητε ἵνα ποιῶσιν ὑμῖν οἱ ἄιθρωποι, οὕτω καὶ ὑμεῖς ποιεῖτε αὐτοῖς.

Give the derivation of Phil-anthropy, Mis-anthropy, Poet.

XLII.

PRESENT.	FUTURE.	PERFECT.
φωνέω	φωνήσω	πεφώνηκα, I call, sound
ἀδικέω	ἀδικήσω	ἠδίκηκα, I wrong, injure [conquer
κρατέω (with Gen.)	κρατήσω	κεκράτηκα, I lay hold of, hold fast,
πολεμέω	πολεμήσω	πεπολέμηκα, I make war
αἱρέω	αἱρήσω	ᾕρηκα, I take, seize, choose
δέω	δήσω	δέδεκα (or δέδηκα), I bind, fasten
πωλέω	πωλήσω	I sell
σκοπέω	σκοπήσω	I view, observe, mark

πολέμ-ιος, ία, ιον, warlike (ὁ πολέμιος, the enemy); πλησίον (adv.), near, (ὁ πλησίον, the neighbour).

τί ζητεῖς πολεμεῖν; οὐ φιλῶ πολεμεῖν. τὸν πόλεμον μεμίσηκα, τὴν δὲ εἰρήνην πεφίληκα. ζητήσεις οὖν εἰρήνην ποιεῖν. οἱ πολέμιοι ᾖρουν ὅπλα. τίς με φωνεῖ; αὐτὸν ἐφώνησεν. ἡμεῖς σε ἐζητήκαμεν. τί ἀδικεῖτε τὸν πλησίον ὑμῶν; ὁ κύριος τὸν δοῦλον δέει. ὁ θεός σε σκοπεῖ, πλησίον γάρ ἐστιν. ἐζήτησεν αὐτὸν εἰδεῖν, τίς ἐστιν. οὐκ ἐκρατήσατέ μου. κράτει ὃ ἔχεις. βιβλία ἐπώλουν πρὸς τοὺς σοφούς. τὰ ἄστρα σκοποῦμεν. ἐζήτουν αὐτοῦ κρατῆσαι. ὁ ἐχθρος φεύγει ἵνα μὴ κρατήσωσιν αὐτοῦ.

Give the derivation of Biblio-polist, Mono-poly, Scope, Helio-scope, Seleno-scope, Micro-scope, Tele-scope (τῆλε, far off), Kal-eido-scope (εἶδος, form, shape).

XLIII.

τῑμάω or τιμῶ, *I honour.*

INDICATIVE, PRES.	IMPERFECT
S. τῑμ-άω, –ῶ τιμ-άεις, –ᾷς τιμ-άει, –ᾷ Pl. τιμ-άομεν, –ῶμεν τιμ-άετε, –ᾶτε τιμ-άουσι, --ῶσι D. τῑμ-άετον, –ᾶτον	S. ἐ-τίμ-αον, –ων ἐ-τίμ-αες, –ας ἐ-τίμ αε, –α Pl. ἐ-τιμ-άομεν, –ῶμεν ἐ-τιμ-άετε, –ᾶτε ἐ-τίμ-αον, –ων D. ἐ-τιμ-αέτην, –άτην

IMPERATIVE, PRES.	CONJUNCTIVE, PRES.
S. τῑμ-αε, –α τιμ-αέτω –άτω Pl. τιμ-άετε, –ᾶτε τιμ-αέτωσαν, –άτωσαν⎱ or –αόντων, –ώντων⎰ D. τιμ-άετον, –ᾶτον τιμ-αέτων, –άτων	S. τιμ-άω, –ῶ τιμ-άῃς, –ᾷς τιμ-άῃ, –ᾷ Pl. τιμ-άωμεν, –ῶμεν τιμ-άητε, –ᾶτε τιμ-άωσι, –ῶσι D. τιμ-άητον, –ᾶτον

OPTATIVE, PRES.	INFINITIVE PRES.
S. τιμ-άοιμι, --ῷμι τιμ-άοις, –ῷς τιμ-άοι, –ῷ	τιμ-άειν, –ᾶν
	PARTICIPLE, PRES.
Pl. τιμ-άοιμεν, –ῷμεν τιμ-άοιτε, –ῷτε τιμ-άοιεν, –ῷεν D. τιμ-αοίτην, –ῴτην	τιμ-άων, –ῶν

Rule for Contractions: α before an ε-sound becomes ᾱ; α before an o-sound becomes ω, and ι becomes subscript.

XLIV.

Verbs in -άω generally make the Fut. in -ήσω; Perf. in -ηκα.

PRESENT.	FUTURE.	PERFECT.	
τῑμάω	τιμήσω	τετίμηκα,	I honour
διψάω	διψήσω	δεδίψηκα,	I thirst
γεννάω	γεννήσω	γεγέννηκα,	I beget, generate
ἀγᾰπάω	ἀγαπήσω	ἠγάπηκα,	I love, esteem
ἐρωτάω	ἐρωτήσω	ἠρώτηκα,	I ask
πλανάω	πλανήσω		I deceive, cause to wander
ζάω (ζῶ, ζῇς, ζῇ)	ζήσομαι	(Inf. ζῆν), ἔζηκα,	I live

σεαυτ-όν, -ήν (as ἑαυτόν, 24), thyself; μή (for ἵνα μή), lest.

διψῶ. τιμᾷς. ἀγαπᾷ. ζῶμεν. ἐρωτᾶτε. πλανῶσιν. ὁ υἱός σου ζῇ. ἡμεῖς τὸν θεὸν ἀγαπῶμεν. ἀγαπᾷς με; σὺ οἶδας ὅτι φιλῶ σε. τί με τοῦτο ἐρωτᾶτε; πολλὰ ἠρώτων. οἱ νεκροὶ ζήσουσι. κακὸν οὐ τιμῶμεν. τίμα τὸν θεὸν τὸν μέγαν. τί ὑμεῖς με πλανᾶτε; γεννήσει υἱόν. τὸν ἄγγελον τετιμήκατε. ἐδίψησεν ἡ ψυχή μου πρὸς τὸν θεόν. ἤθελον αὐτὸν ἐρωτᾶν. ἀγαπήσεις τὸν πλησίον σου ὡς σεαυτόν. βλέπετε μή τις ὑμᾶς πλανήσῃ. ἀγαπᾶτε τοὺς ἐχθροὺς ὑμῶν.

Give the derivation of Planet, Generate.

XLV.

σκηνόω or *σκηνῶ*, *I lodge.*

INDICATIVE, PRES.	IMPERFECT
S. σκην-όω, –ῶ	S. ἐ-σκήν-οον, –ουν
σκην-όεις, –οῖς	ἐ-σκήν-οες, –ους
σκην-όει, –οῖ	ἐ-σκήν-οε, –ου
Pl. σκην-όομεν, –οῦμεν	Pl. ἐ-σκην-όομεν, –οῦμεν
σκην-όετε, –οῦτε	ἐ-σκην-όετε, –οῦτε
σκην-όουσι, –οῦσι	ἐ-σκήν-οον, –ουν
D. σκην-όετον, –οῦτον	D. ἐ-σκην-οέτην, ούτην

IMPERATIVE, PRES.	SUBJUNCTIVE, PRES.
S. σκήν-οε, –ου	S. σκην-όω, –ῶ
σκην-οέτω, –ούτω	σκην-όῃς, –οῖς
Pl. σκην-όετε, –οῦτε	σκην-όῃ, –οῖ
σκην-οέτωσαν, –ούτωσαν)	Pl. σκην-όωμεν, –ῶμεν
or –οόντων, –ούντων)	σκην-όητε, –ῶτε
D. σκην-οέτον, –ούτον	σκην-όωσι, –ῶσι
σκην-οέτων, –ούτων	D. σκην-όητον, –ῶτον

OPTATIVE, PRES.	INFINITIVE, PRES.
S. σκην-όοιμι, –οῖμι	σκην-όειν, –οῦν
σκην-όοις, –οῖς	
σκην-όοι, –οῖ	
Pl. σκην-όοιμεν, –οῖμεν	PARTICIPLE, PRES.
σκην-όοιτε, –οῖτε	
σκην-όοιεν, –οῖεν	σκην-όων, –ῶν
D. σκην-οοίτην, –οίτην	

Rule for Contractions: οε, οο, οου, become ου ; οη, οω become ω ; οη, οει, οοι, become οι (but οει becomes ου in the Infinitive).

Contract in the same way ζηλ-όω, *I emulate*; κοιν-όω, *I impart, pollute*; δουλ-όω, *I enslave*.

XLVI.

Verbs in -σσω or -ττω (chiefly Gutturals).

PRESENT.			FUTURE.	PERFECT.	2 AORIST.	
τάσσω	or	-ττω	τάξω	τέτᾰχα		*I order, arrange*
πράσσω	„	-ττω	πράξω	πέπρᾱχα		*I make, do*
κηρύσσω	„	-ττω	κηρύξω	κεκήρῠχα		*I proclaim, announce*
φυλάσσω	„	-ττω	φυλάξω	πεφύλᾰχα		*I guard, watch*
ὀρύσσω	„	-ττω	ὀρύξω	ὄρωρῠχα	ὠρύγον,	*I dig*
πλήσσω	„	-ττω	πλήξω	πέπληγα	ἐπέπληγον,	*I strike, wound*

ἄν, with the Indicative, is conditional; ἔλυσα ἄν, *I would have loosed*.

οἱ ἐχθροὶ μέγαν στρατὸν τάσσουσι. τίς εἰς πόλεμον τὸν στρατὸν ἔταξε; τί πράσσεις; τί τοῦτο πεπράχασι; τοῦτο ἐπεπράχεισαν. οὐκ ὃ θέλω πράσσω, ἀλλὰ ὃ μισῶ τοῦτο ποιῶ. ὁ ἄνθρωπος, ὃν ἔπληξαν οἱ πολέμιοι, νεκρός ἐστι. κήρυξον τὸν λόγον. κελεύω σε τοῦτο πράττειν. μὴ τοῦτο πράξῃς. ὁ δοῦλος ὤρυξε γῆν καὶ ἔκρυψε τὸ τάλαντον τοῦ κυρίου αὐτοῦ. τοῦτο ἔπραξε. τοῦτο ἂν ἔπραξεν. εἰ ἐκέλευσας, ἔπραξα ἄν. σὲ φυλάττοι ὁ θεός.

Give the derivation of Practice, Practical, Tact, Tactics, Phylactery.

XLVII.

DENTAL VERBS (*T-sounds*).

Verbs in -τω, -δω, -θω, -ζω, make the Fut. in -σω ; Perf. in -κα.
Most Verbs in -ζω belong to the T-sounds, a few to the K-sounds.

PRESENT.	FUTURE.	PERFECT.	2 AORIST.	
πείθω	πείσω	πέπεικα	ἔπιθον	I persuade
ἁρπάζω	ἁρπάσω	ἥρπᾰκα		I carry off, plunder
θαυμάζω	θαυμάσω	τεθαύμᾰκα		I admire, wonder at
ἑτοιμάζω	ἑτοιμάσω	ἡτοίμᾰκα		I make ready, prepare
γυμνάζω	γυμνάσω	γεγύμνᾰκα		I exercise [gard
νομίζω	νομίσω	νενόμῐκα		I think, believe in, re-
σώζω	σώσω	σέσωκα		I save
σχίζω	σχίσω			I tear, divide

αἰσχρ-ός, -ά, -όν, base, disgraceful; ὁδός (fem.), way, road; ναός (m.),
temple ; μηδέ, neither, nor; ἤδη, already.

ὁ λύκος τὸ ἀρνίον ἁρπάζει. τὰ ὅπλα ἥρπαζεν ὁ ἐχθρός. τὸν
ναὸν ἐθαυμάσατε; τὸν θεὸν νομίζομεν. ὁ ὄνος τὴν τῆς λύρας φωνὴν
ἐθαύμαζε. τὴν τοῦ εἰδώλου κεφαλὴν ἥρπασαν. ἰδοὺ τὸ ἄριστόν
μου ἡτοίμακα. γύμναζε σεαυτόν. ἑτοιμάσατε τὴν ὁδὸν τοῦ
κυρίου. κέλευσον τὸν δοῦλον τὸ δεῖπνον ἑτοιμάζειν. δέομεν τοὺς
κακοὺς ἵνα μὴ ἁρπάζωσι τὸν χρυσόν. τίς με σώσει; ἥκω σε
σώσειν. ζητεῖ φίλος φίλον σῶσαι. ἃ ποιεῖν αἰσχρὸν, ταῦτα
νόμιζε καὶ μηδὲ λέγειν εἶναι καλόν. μὴ σχίσωμεν τὸ ἱμάτιον.
ἔπεισαν αὐτοὺς ἵνα τὸ ἱμάτιον σχίσαιεν.

Give the derivation of Gymnastic, Gymnasium, Harpy, Schism,
Scissors.

XLVIII.

Liquid Verbs (λ, μ, ν, ρ-sounds).

Verbs in λ, μ, ν, ρ make the Future in -ῶ instead of -σω, and drop the second vowel or consonant from the penult (or last syllable but one).

Present.	Future.	Perfect.	2 Aorist.	
κτείνω	κτενῶ	ἔκτακα	ἔκτᾰνον,	I kill, slay
φαίνω	φᾰνῶ	πέφαγκα		I show
φθείρω	φθερῶ	ἔφθαρκα		I destroy, corrupt
σπείρω	σπερῶ	ἔσπαρκα		I sow (seed)
αἴρω	ἀρῶ	ἦρκα		I lift, take away
ἐγείρω	ἐγερῶ	ἐγήγερκα		I awaken, raise up

The Future tense-endings of Liquid Verbs are like the Contracted form of φιλέω.

In the First Aorist the penult of the Future is lengthened by changing α into η, as Fut. φανῶ, 1 Aor. ἔφηνα; ε into ει, as Fut. σπερῶ, 1 Aor. ἔσπειρα.

τίς μοι τὴν ὁδὸν εἰς τὴν κώμην φανεῖ; τί τοῦτον ἔκτανες; οὐ κτενῶ σε. ἐμὲ κτείνειν θέλετε; ἔσπειρεν ἐν τῇ γῇ ταύτῃ. ἡμεῖς τὴν γῆν ἐσπείραμεν. σπείρατε τὴν γῆν. οὐκ ἔστι γῆ πολλὴ ἐν τούτῳ τῷ τόπῳ. ὁ θεὸς ἤγειρεν Ἰησοῦν ἐκ νεκρῶν. τί με ἐγείρεις; σὲ οὐκ ἐγεροῦμεν. ἦραν οὖν τὸν λίθον. φεύγομεν ἵνα μὴ κτείνωσιν ἡμᾶς. οἱ πολέμιοι οἴκους πολλοὺς ἔφθειραν. εἴ τις τὸν ναὸν τοῦ θεοῦ φθείρει, φθερεῖ τοῦτον ὁ θεός.

Give the derivation of Phantom, Epi-phany, Dia-phanie (διά, through).

XLIX.

PRESENT.	FUTURE.	PERFECT.	2 AORIST.
βάλλω	βᾰλῶ	βέβληκα	ἔβᾰλον, _I throw, cast_
στέλλω	στελῶ	ἔσταλκα	_I send, prepare_
ψάλλω	ψᾰλῶ	ἔψαλκα	_I sing_
κλίνω	κλῑνῶ	κέκλῐκα	_I bend, incline, lay_
κρίνω	κρῑνῶ	κέκρῐκα	_I judge, govern_ [_firm_
μένω	μενῶ	μεμένηκα	_I stay, wait for, remain_
τέμνω	τεμῶ	τέτμηκα	ἔτᾰμον, _I cut_ (_asunder_), _divide_

φημί, _I say_, 2 Aor. ἔφην ; μετά, μεθ', _with_ (with Gen.).

ἴψηλα. ἔστειλας. ἔμειναν. τὸν δοῦλον, ὃς τὸν χρυσὸν ἔκλεψεν, εἰς φυλακὴν βεβλήκαμεν. τίς αὐτὸν εἰς φυλακὴν ἔβαλε; τὸν λίθον μὴ βάλλῃς· τὴν γὰρ κεφαλήν μου τέτμηκας. τὴν σφαῖραν βαλλέτω τὸ παιδίον. ἐκέλευσα τὸ παιδίον τὴν σφαῖραν βάλλειν. εἰς μάχην σε στέλλω. οὗτος ὁ κύριος τὸν στρατὸν στελεῖ. τί ὧδε μένεις; μεῖνον μεθ' ἡμῶν, ὅτι κέκλικεν ἡ ἡμέρα. ὁ πτωχὸς οὗτος οὐκ ἔχει ποῦ τὴν κεφαλὴν κλίνῃ. τί οὐ κρίνετε τὸ δίκαιον; κρίνατε ὑμεῖς ὃ φημί.

Give the derivation of Ball, Psalm.

L.

COGNATE TENSES IN THE ACTIVE VOICE.

	INDIC.	CONJUNCT.	OPTAT.	IMPER.	INFIN.	PART.
Pres.	——ω	—ω	—οιμι	—ε	—ειν	—ων
Imperf.	ἐ——ον					
Future	——ω		—οιμι		—ειν	—ων
1 Aor.	ἐ——α	—ω	—αιμι	—ον	—αι	—ας
Perf.	——α	—ω	—οιμι	—ε	—έναι	—ώς
Pluperf.	ἐ——ειν					
2 Aor.	ἐ——ον	—ω	—οιμι	—ε	—ειν	—ων

Write out, in the above form, the Moods and Tenses of τύπτω, λέγω, ἄγω, βάλλω, ἁρπάζω, αἴρω, τάσσω, ποιέω, διψάω, ζηλόω.

LI.

PREPOSITIONS.

The *primary meanings* (in *Roman* type) should be carefully remembered. When any other words are substituted to suit the English idiom, the *force* of the Greek Preposition must not be destroyed.

1. Prepositions which take one Case only.

ACCUSATIVE.	GENITIVE.	DATIVE.
ἀνά, up, *up through*	ἀντί (ἀνθ'), against, *instead of, for*	ἐν, in, *among*
εἰς (ἐς), into, *to*	ἀπό (ἀφ'), from, *of (forth)*	σύν (ξύν), with, *together with*
	ἐκ (ἐξ), out of, *from, after*	
	πρό, before, *for*	

Prepositions are prefixed to Verbs to give them a particular force or direction; thus from πέμπω, *I send*, are formed the Compound Verbs εἰσ-πέμπω, *I send into*; ἐκ-πέμπω, *I send out*; ἀπο-πέμπω, *I send away*.

NOTE 1.—The Augment is placed *between* the Preposition and the simple Verb; as, εἰσ-πέμπω, Imp. εἰσ-έ-πεμπον; and if the Preposition ends with a Vowel, that Vowel is generally dropped; as, ἀπο-πέμπω, Imp. ἀπ-έπεμπον.

NOTE 2.—ἐκ becomes ἐξ before the Augment; as, ἐκ-πέμπω, Imp. ἐξ-έπεμπον; ἐν and σύν are written ἐμ- and συμ-, when prefixed to π, β, φ, μ, ψ.

ἐκ-κόπτω, *I cut off*; ἐκ-βάλλω, *I cast out*; ἐμ-βάλλω, *I cast in*; ἀπο-λύω, *I disengage, release*; ἀπο-στέλλω, *I send forth*; ἀπο-κτείνω, *I kill*; ἀνα-βλέπω, *I look up*.

Write out the Cognate Tenses of the above verbs.

LII.

θάλασσ-α (f.), *sea.*

ἡ σοφία ἐκ τοῦ θεοῦ ἐστίν. ἀγαπήσεις κυριον τὸν θεόν σου ἐξ ὅλης τῆς καρδίας σου. ἄρατε ἀπ' αὐτοῦ τὸ τάλαντον. ἀντὶ πολέμου εἰρήνην ἕξουσιν. ἀνὰ πεδίον ἐδίωξε τοὺς πολεμίους. ὁ ἄγγελος πρὸ τῆς θύρας ἐστίν. οὐκ ἔστιν οὗτος ὃν ζητοῦσιν ἀποκτεῖναι; οὗτος σὺν αὐτῷ ἦν. ἀπέκτειναν αὐτὸν καὶ ἐξέβαλον. ἐμβάλλετέ με εἰς τὴν θάλασσαν. ἀποστελῶ τὸν ἄγγελον. ἀπέστειλε δοῦλον. ἀπόλυσον τοὺς δούλους. ἀπέλυσαν αὐτούς. ἔκκοψον τὸ δένδρον. ἀνέβλεψεν εἰς τὸν οὐρανόν.

Give the derivation of Ana-lyse (λύω), Ana-tomy (τέμνω), the prefix Anti- in Anti-christ, Anti-slavery, &c., Apostle, Ec-centric (κέντρον), Ex-odus (ὁδός), Pro-logue, Pro-blem (βάλλω), Pro-phet (φημί), Synagogue (ἄγω), Syn-tax (τάσσω).

LIII.

2. Prepositions which take two Cases—the Accusative and Genitive.

ACCUSATIVE.	GENITIVE.
διά (δι'), through, *on account of*	*Through, by means of*
κατά (καθ'), down through, *according to*	*Down from, against*
μετά (μεθ'), after, *for*	With, *among*
ὑπέρ, over, *above, beyond, more than*	*Above, over, in behalf of, for*

κατα-λύω, *I throw down, destroy*; δια-λύω, *I separate, dissolve*; κατα-κρίνω, *I condemn*.

διὰ τοῦτο ἔπεμψα ὑμῖν. διὰ τῆς θύρας ἔφυγεν ὁ ἄγγελος. δεῖ σε κατὰ νόμον κρίνειν. ὃς οὐκ ἔστι καθ' ἡμῶν, ὑπὲρ ἡμῶν ἐστίν. οὐκ ἔστι δοῦλος ὑπὲρ τὸν κύριον αὐτοῦ. μετὰ ταῦτα ἤκουσα φωνῆς μεγάλης. ἦν ὁ θεὸς μετ' αὐτοῦ. σύ με ἀγαπᾷς διὰ τὸν λόγον, ὃν ἐλάλησά σοι. καταλύσω τὸν οἶκον. οἱ πολέμιοι κατέλυσαν τὸν ναόν. ἡ ὀργὴ διέλυσε τοὺς φίλους. τίς σε κατέκρινεν; ἐγώ σε οὐ κατακρίνω.

Give the derivation of Dia-meter, Cata-ract (ῥάσσω, *I dash*), Cata-pult (πάλλω, *I hurl*), Cath-olic (ὅλος), Cata-strophe (στρέφω, *I turn*), the prefix *Hyper-* in Hyper-critical, &c.

LIV.

3. Prepositions which take three Cases—the Accusative, Genitive, and Dative.

ACCUSATIVE.	GENITIVE.	DATIVE.
ἀμφί, about, *on both sides, near*	*Around, about, for*	*About, concerning*
ἐπί (ἐφ'), upon, *against, with a view to*	*Upon, towards, in presence of*	*Close upon, close by, at, depending on*
παρά (παρ'), beside, *to beside, contrary to*	*From beside, from, by*	*Close beside, with*
περί, around, *respecting*	*Concerning, for*	*Close round, concerning*
πρός, to, *towards, with reference to*	*On the side of, from, by*	*Close to, in addition to*
ὑπό (ὑφ'), under, *to beneath*	*From beneath, under, from, by*	*Close beneath, in subjection to*

The Accusative after a Preposition generally indicates *motion to*, the Genitive *motion from*, and the Dative *juxtaposition* or *nearness*.

προσ-κόπτω, I *stumble at*; περι-πατέω, -ήσω, I *walk about*; ἐπι-βάλλω, I *cast or lay upon*.

ὁ θεὸς ἐν τῷ οὐρανῷ ἐστὶ, καὶ σὺ ἐπὶ τῆς γῆς. ἦραν λίθους ἵνα ἐπιβάλωσιν ἐπ' αὐτόν. τί με παρὰ τὸν νόμον τύπτετε; παρ' αὐτοῦ δίκην ἕξω. παρ' αὐτῷ ἐμείναν. τί τοῦτο ἀκούω περὶ σοῦ; ὁ ἄγγελος ἐπὶ τῇ θύρᾳ ἐστίν. ὑπὸ διδασκάλων ἐσμέν. οἱ κροκόδειλοι ἀμφὶ τοῦ ποταμοῦ ζῶσι. πρὸς σὲ ἐπέμψαμεν. προσέκοψαν τῷ λίθῳ. περιεπάτησεν ἐπὶ τῆς θαλάσσης.

Give the derivation of Epi-taph, Eph-emeral, Peri-cranium, Perimeter, Par-allel (ἀλλήλους), Para-graph, Para-ble (βάλλω), Amphibious (βίος), Peri-patetic.

LV.

M.	F.	N.
πονηρ-ός	πονηρ-ά	πονηρ-όν, wicked, evil
μέσ-ος	μέσ-η	μέσ-ον, middle, midst of
ἐμ-ός	ἐμ-ή	ἐμ-όν, my, mine
φιλόσοφ-ος, philosopher	ἀρετ-ή, virtue	ἆθλ-ον, prize (of contest)
διδάσκαλ-ος, teacher	ἀγάπ-η, love	
καρπ-ός, fruit	εὐλογί-α, praise, blessing	ἱερ-όν, temple, sacred place
νῆσ-ος (f.), island		
	ἱστορί-α, research, history	εὐαγγέλι-ον, good tidings, gospel

ἄπ-ειμι, I am absent; πάρ-ειμι, I am present (like εἰμί).

Adverbs are formed from Adjectives by changing -ος to -ως; as, καλ-ῶς, beautifully, well; δικαί-ως, justly; οὕτ-ως, thus, so.

ὁ θεὸς ἀγάπη ἐστί. μείνατε ἐν τῇ ἀγάπῃ τῇ ἐμῇ. καλῶς ἔλεξας. κρίνατε δικαίως. πολλά ἐστι τὰ τῆς ἀρετῆς ἆθλα· δένδρον ἀγαθὸν οὐ ποιεῖ καρποὺς πονηρούς. ἐκ τῆς νήσου ἔφυγον. κηρύξατε τὸ εὐαγγέλιον. ἡ εὐλογία τοῦ κυρίου ἐπὶ τὴν κεφαλὴν τοῦ δικαίου ἐστίν. ἄπεστι τὸ παιδίον. ὁ διδάσκαλος πάρεστι καὶ φωνεῖ σε. ἦν ἐν τῷ ἱερῷ ἐν μέσῳ τῶν διδασκάλων. τί ἐποίησας οὕτως; ἐθαυμάζομεν τὴν τοῦ φιλοσόφου ἱστορίαν.

Give the derivation of Philo-sopher, Eu-logy, Ev-angelist, History, Athletic, Poly-nesia, Meso-potamia.

LVL.

m.	v.	n.
ἴδι-ος	ἰδί-α	ἴδι-ον, own, private,
ὀφθαλμ-ός, eye	δόξ-α, glory, opinion	ἔλαι-ον, oil [peculiar
λᾱ-ός, people [ment	τέχν-η, art	σκάνδαλ-ον, snare, trap
κόσμ-ος, world, orna-	καθέδρ-α, chair, seat	
θησαυρ-ός, treasure	σκοτί-α, darkness	
γάμ-ος, marriage		

οὐαί, woe! δός, give (thou)

RULE 20.—The Dative is used to indicate the Instrument *With which*, and the Manner *In which*.

τὴν κεφαλήν μου λίθῳ τέτμηκας. ὁ ἄγγελος μεγάλῃ φωνῇ ἐφώνη-
σεν. ἐποίει σημεῖα μεγάλα ἐν τῷ λαῷ. τίς ἤνοιξεν αὐτοῦ τοὺς
ὀφθαλμούς; τί ἐν τῇ σκοτίᾳ περιπατεῖτε; θησαυρὸς μέγας ἐστὶν
ἀγαθὸς φίλος. ὅπου ὁ θησαυρὸς ὑμῶν, ἐκεῖ ἔσται καὶ ἡ καρδία
ὑμῶν. ἐν τῷ ἰδίῳ οἴκῳ ἔμεινε. τίς ἐν τῇ καθέδρᾳ ἐστί; καλέσατε
αὐτοὺς εἰς τοὺς γάμους. οὐαὶ τῷ κόσμῳ ἀπὸ τῶν σκανδάλων! ἡ
πενία τὰς τέχνας ἐγείρει. δὸς δόξαν τῷ θεῷ.

Give the derivation of Cathedral, Laity, Dox-ology, Para-dox,
Scandal, Technical, Poly-technic, Idiom, Ophthalmia, Ophthalmo-logy,
Mono-gamy, Poly-gamy, Cosmo-graphy.

LVII.

MASCULINES OF THE FIRST DECLENSION IN -ας, -ης.

Singular.		Singular.
N. κρῐτ-ής, a judge		N. τᾰμί-ας, a steward
V. κριτ-ά, O judge		V. ταμί-ᾱ, O steward
A. κρῐτ-ήν, a judge		A. ταμί-αν, a steward
G. κρῐτ-οῦ, of a judge		G. ταμί-ου, of a steward
D. κρῐτ-ῇ, to a judge		D. ταμί-ᾳ, to a steward

Plural and Dual like φωνή.

CONTRACTIONS OF THE SECOND DECLENSION.

νόος (m.), mind	ὀστέον (n.), bone	εὔνοος, well disposed
Singular.	**Singular.**	**Sing. m. and f. n.**
N. νόος, νοῦς	N.V.A. ὀστέον, ὀστοῦν	N. εὔν-ους | εὔν-ουν
V. νόε, νοῦ	G. ὀστέου, ὀστοῦ	V. εὔν-ου | εὔν-ουν
A. νόον, νοῦν	D. ὀστέῳ, ὀστῷ	A. εὔν-ουν
G. νόον, νοῦ		G. εὔν-ου
D. νόῳ, νῷ		D. εὔν-ῳ
Plural.	**Plural.**	**Plural.**
N.V. νόοι, νοῖ	N.V.A. ὀστέα, ὀστᾶ	N.V. εὔν-οι | εὔν-οα
A. νόους, νοῦς	G. ὀστέων, ὀστῶν	A. εὔν-ους | εὔν-οα
G. νόων, νῶν	D. ὀστέοις, ὀστοῖς	G. εὔν-ων
D. νόοις, νοῖς		D. εὔν-οις
Dual.	**Dual.**	**Dual.**
N.V.A. νόω, νώ	N.V.A. ὀστέω, ὀστώ	N.V.A. εὔν-ω
G.D. νόοιν, νοῖν	G.D. ὀστέοιν, ὀστοῦν	G.D. εὔν-οιν

Write out the contracted forms of Ἰησοῦς, Jesus; πλόος, voyage; ῥόος, stream; κάνεον, basket; εὔροος, -ον, fair-flowing.

E

LVIII.

Nouns Masculine ending in -της, -ιστης, commonly denote *the man who does*, or *is employed in*, or *versed in* anything.

κλέπτ-ης, *thief* (derived from κλέπτω, *I steal*).
δεσπότ-ης, *master, absolute ruler*.
μαθητ-ής, *pupil, disciple* (μανθάνω, *I learn*).
πολίτ-ης, *citizen* (πόλις, *city*).
ἐργάτ-ης, *workman, labourer* (ἔργον, *work*).
προφήτ-ης, *prophet, preacher* (πρό, *before*; φημί, *I say*).
σοφιστ-ής, *a teacher of rhetoric, &c., Sophist* (σοφίζω, *I instruct*).
νεανί-ας, *youth, young man* (νέος, *young*).

μισθ-ός, -οῦ (m.), *hire, wages, pay*.

ἄξιος ὁ ἐργάτης τοῦ μισθοῦ αὐτοῦ. κάλεσον τοὺς ἐργάτας. οἱ κριταὶ παρὰ τὸν νόμον κεκρίκασι. δεῖ τοὺς πολίτας τοὺς νόμους φυλάττειν. οὗτοι οἱ ἄνθρωποι ὀρύσσουσι καὶ σπείρουσιν· ἐργάται γῆς εἰσίν. ὁ διδάσκαλος τῷ μαθητῇ βιβλίον δώσει. οἱ μαθηταὶ θαυμάζουσι τὴν τῶν φιλοσόφων σοφίαν. οἱ δεσπόται κελευσάτωσαν. οὐκ ἤκουσαν τοὺς λόγους τοῦ σοφιστοῦ. ὁ θεὸς ἐλάλησεν ἡμῖν ἐν τοῖς προφήταις. ἀπέλυσε τὸν νεανίαν. βάλλετε τὸν κλέπτην εἰς φυλακήν. νεανία, ἔχω τί σοι εἰπεῖν.

Give the derivation of Polite, Cosmo-polite, Critic, Despot, Prophet, Sophist, the Suffix -ist, as in Geolog-ist, &c.

LIX.

ναύτ-ης, *sailor* (ναῦς, *ship*).
ποιητ-ής, *doer, maker, poet* (one who *makes* poems, ποιέω, *I make*).
ψεύστ-ης, *liar* (ψεύδω, *I lie*).
στρατιώτ-ης, *soldier* (στράτος, *army*).

ὀφειλέτ-ης, *debtor* (ὀφείλω, *I owe*).

ὑποκρῐτ-ής, *a stage-actor*; hence, *one who acts a part, a hypocrite*.

ἰδιώτ-ης (ἴδιος), *a private person; one of the common people*; hence, *an ignorant man, a simpleton*.

ὥσπερ, *just as, like as* ; ὅτε (adv.), *when*.

οἱ ναῦται τὴν ἄγκυραν ἐκ τοῦ πλοίου βεβλήκασι. τίς ὑμῖν πιστεύσει; ψεῦσται γάρ ἐστε. οἱ τῶν ψευστῶν λόγοι οὐ πιστοί εἰσι. τοῖς ψεύσταις οὐ πιστεύομεν. ὁ τῶν στρατιωτῶν ἀριθμὸς μέγας ἐστί. πόλεμον παύσατε, στρατιῶται. οἱ ἀρχαῖοι τοὺς ποιητὰς ἐτίμων. οἱ ποιηταὶ μύθους ἔγραψαν. ὁ ἐργάτης τῷ δεσπότῃ δουλεύει. οὐκ ἔσῃ ὥσπερ οἱ ὑποκριταί. ὁ ταμίας ἐκάλεσε τοὺς ὀφειλέτας. ὁ τοῦ πολίτου υἱὸς ἰδιώτης ἐστί.

Give the derivation of Poet, Hypocrite, Idiot, Nautilus, Nautical.

LX.

The Genitive of Substantives is given to indicate the Declension.

Αἰγύπτῐ-ος, -α, -ον, *Egyptian*	Ὁμηρ-ος, -ου (m.), *Homer*
Ἀλέξανδρ-ος, -ου (m.), *Alexander*	Πυθαγόρ-ας, -ου (m.), *Pythagoras*
Δαρεῖ-ος, -ου (m.), *Darius*	Ῥωμαῖ-ος, -α, -ον, *Roman*
Ἡρόδοτ-ος, -ου (m.), *Herodotus*	Σωκράτ-ης, -ου (m.), *Socrates*
Κῦρ-ος, -ου (m.), *Cyrus*	Φίλιππ-ος, -ου (m.), *Philip*
Νεῖλ-ος, -ου (m.), *Nile*	Χριστ-ός, -ου (m.), *Christ, Anointed*

RULE 21.—Substantives in Apposition (referring to the same person or thing) agree in Case; as, Ὅμηρος ὁ ποιητής, *Homer the poet.*

RULE 22.—The Substantive to which the Article belongs is sometimes omitted, when the meaning is evident; as, Κῦρος ὁ Δαρείου, *Cyrus the* (son) *of Darius*; τὰ τοῦ Κύρου, *the* (affairs) *of Cyrus.*

ἐσθίω, 2 Aor. ἔφαγον, *I eat.*

Ὁ Πυθαγόρας φιλόσοφος ἦν. Ἀλέξανδρος ὁ τοῦ Φιλίππου μέγας ἦν. Ἐν τῷ Νείλῳ ποταμῷ πολλοί εἰσι κροκόδειλοι. Ὁ Ἡρόδοτος ἔλεγεν ὅτι ὁ κροκόδειλος γλῶτταν οὐκ ἔχει. Οἱ Αἰγύπτιοι τὸν ἥλιον καὶ τὴν σελήνην θεοὺς εἶναι νομίζουσι. Λέγε μοι, σὺ Ῥωμαῖος εἶ; Τὰ τῆς εἰρήνης διώκωμεν. Ἰησοῦς ἔστιν ὁ Χριστός, ὁ υἱὸς τοῦ θεοῦ. Σωκράτης εἶπεν, 'οἱ μὲν ἄλλοι ἄνθρωποι ζῶσιν ἵνα ἐσθίωσιν, ἐγὼ δὲ ἐσθίω ἵνα ζῶ.'

LXI.

PRESENT.	FUTURE.	PERFECT.	2 AORIST.	
γιγνώσκω (or γὶν-)	γνώσομαι	ἔγνωκα	ἔγνων,*	*I know, perceive*
ἀναγιγνώσκω	ἀναγνώσομαι	ἀνέγνωκα	ἀνέγνων,	*I read*
διδάσκω	διδάξω	δεδίδαχα		*I teach*
εὑρίσκω	εὑρήσω	εὕρηκα	εὗρον,	*I find*
μανθάνω	μαθήσομαι	μεμάθηκα	ἔμαθον,	*I learn*

* 2 Aor. ἔγν-ων, -ως, -ω, &c.; imper. γνῶθι; inf. γνῶναι; part. γνούς.

Ἰωάνν-ης, -ου, *John*; ἄρα γε, *pray.*

Ὁ χρόνος εὑρίσκει πολλά. Ζητεῖτε καὶ εὑρήσετε. Ἐκ καρποῦ δένδρον γιγνώσκομεν. Τὴν τοῦ Ἡροδότου ἱστορίαν ἀνεγνώκατε; Ὁ διδάσκαλος ἡμᾶς θέλει τοῦτο μανθάνειν. Τὸ εὐαγγέλιον κατὰ Ἰωάννην ἀναγιγνώσκειν θέλομεν. Ἆρά γε γιγνώσκεις ἃ ἀναγιγνώσκεις; Γνῶθι σεαυτόν. Τί εὕρηκας; Οὐχ εὗρον αὐτοὺς ἐν τῇ φυλακῇ. Μάθετε ἀπ' ἐμοῦ. Μεῖνον μεθ' ἡμῶν ἵνα διδάξωμέν σε. Πάρειμι ἵνα τὴν μάχην ἴδω. Οἱ μαθηταὶ παρῆσαν ἵνα μάθοιεν.

Give the derivation of Mathematics, Didactic.

LXII.

THIRD DECLENSION (IMPARISYLLABIC NOUNS).

Imparisyllabic Nouns take an additional syllable in the Genitive Case, which ends in -ος.

MASCULINE AND FEMININE NOUNS.

Singular.	*Plural.*	*Dual.*
N. αἰών, an age (m.)	N.V. αἰών-ες, ages	N.V.A. αἰών-ε, two ages
V. αἰών, O age	A. αἰῶν-ας, ages	G.D. αἰών-οιν, of or
A. αἰῶν-α, an age	G. αἰών-ων, of ages	to (two) ages
G. αἰῶν-ος, of an age	D. αἰῶ-σι, to ages	
D. αἰῶν-ι, to an age		

NEUTER NOUNS.

Singular.	*Plural.*	*Dual.*
N.V.A. σῶμα, a body (n.)	N.V.A. σώματ-α, bodies	N.V.A. σώματ-ε, two bodies
G. σώματ-ος, of a body	G. σωμάτ-ων, of bodies	G.D. σωμάτ-οιν, of or to (two) bodies
D. σώματ-ι, to a body	D. σώμα-σι, to bodies	

ADJECTIVES OF THE THIRD DECLENSION.

Singular.		*Plural.*	
M. and F.	N.	M. and F.	N.
N. μείζων	μεῖζον, greater	N.V. μείζον-ες	μείζον-α, greater
V. μείζων	μεῖζον, greater	A. μείζον-ας	μείζον-α, greater
A. μείζον-α	μεῖζον, greater	G. μειζόν-ων, of greater	
G. μείζον-ος, of greater		D. μείζο-σι, to greater	
D. μείζον-ι, to greater			

Dual.

N.V.A. μείζον-ε, two greater

G.D. μειζόν-οιν, of or to two, &c.

Comparatives are thus contracted—μείζ-ονα, -ω; μείζ-ονες, -ους; μείζ-ονας, -ους.

NOTE.—τ, δ, θ, ν are dropped before -σι of the Dative Plural; and ν is added to σι when the next word begins with a vowel.

LXIII.

M.	F.	N.
N. χειμών, *winter,*	N. φρήν, *mind, intellect*	N. ἅρμα, *chariot*
G. χειμῶν-ος [*storm*	G. φρεν-ός	G. ἅρματ-ος
N. ἀγών, *contest,*	N. ἐλπίς, *hope*	N. πνεῦμα, *breath, spi-*
G. ἀγῶν-ος [*struggle*	G. ἐλπίδ-ος	G. πνεύματ-ος [*rit, wind*
N. ποιμήν, *shepherd*	N. χείρ, *hand*	N. κρίμα, *judgment*
G. ποιμέν-ος	G. χειρ-ός D.Pl. χερσί	G. κρίματ-ος

The Vocative is generally like the Nominative. The Accusative is formed from the Genitive by changing —ος to —α (m. and f. only).

RULE 23.—The time *When?* *indefinitely* stated is put in the Genitive; but the *definite point* of time in the Dative.

Αθηναῖ-ος, -α, -ον, *Athenian.*

Οἱ δοῦλοι τοῦ θεοῦ βασιλεύσουσιν εἰς αἰῶνας αἰώνων. Παρὰ τοῖς Ἀθηναίοις ἀγῶνες ἦσαν καὶ ἀνθρώπων καὶ θηρίων. Χειμῶνος οἱ ποιμένες τοὺς λύκους διώκουσιν. Ἐλπίδα ἔχομεν εἰς τὸν θεόν. Μακάριοι οἱ πτωχοὶ τῷ πνεύματι. Ἡ χεὶρ τοῦ θανάτου ἁρπάζει ἡμᾶς. Ὁ θάνατος τὴν ψυχὴν ἀπὸ τοῦ σώματος λύει. Ἐπιστολὴν ἔγραψα ταύτην τῇ ἐμῇ χειρί. Ἐζήτησαν ἐπιβαλεῖν ἐπ' αὐτὸν τὰς χεῖρας. Τὸ κρίμα σου κατὰ νόμον ἐστίν. Ἐν ταῖς φρεσὶν ὑμῶν παιδία ἐστε. Οἱ ἵπποι τὰ ἅρματα ἔλιπον.

Give the derivation of Agony, Ant-agonist, Pneumatics, Phreno logy.

LXIV.

M.	F.	N.
N. πατήρ, *father*	N. μητήρ, *mother*	N. πῦρ, *fire*
G. πατ(ε)ρ-ός	G. μητ(ε)ρ-ός	G. πυρ-ός
N. ἀστήρ, *star*	N. θυγάτηρ, *daughter*	N. ἔαρ, *spring*
G. ἀστερ-ός	G. θυγατ(ε)ρ-ός	G. ἔαρ-ος
N. ἀνήρ, *man, husband*		N. ὕδωρ, *water*
G. ἀνδρ-ός V. ἄνερ		G. ὕδᾰτ-ος V. ὕδωρ
N. σωτήρ, *deliverer, saviour*		N. ὅρᾱμα, *view, sight*
G. σωτῆρ-ος V. σῶτερ		G. ὁράμᾰτ-ος
N. κρατήρ, *cup, bowl*		N. ὄνομα, *name*
G. κρατῆρ-ος		G. ὀνόμᾰτ-ος

NOTE.—πατήρ, μητήρ, θυγάτηρ, make the Voc. -ερ, and are generally *syncopated* (i.e. drop ε before -ρος, -ρι, and -ρᾱσι, Dat. Pl.); as, πατρός, πατρί, πατράσι; ἀστήρ, ἀνήρ make the Dat. Pl. ἀστράσι, ἀνδράσι.

Μοῦσ-α, -ης (f.), *a Muse, song*; σός, σή, σόν, *thy, thine.*

Οἱ υἱοὶ τούτου τοῦ πατρὸς ἀγαθοί εἰσιν. Ἡ ἀγαπὴ ταύτης τῆς μητρὸς εἰς τὰς θυγάτερας μεγάλη ἐστί. Τίμα τὸν πατέρα σου καὶ τὴν μητέρα σου. Οἱ ὀφθαλμοὶ πυρὶ λάμπουσι. Φάρμακον ἐν τῷ κρατῆρι ἐστί. Βάπτε τὰς χεῖρας ἐν ὕδατι. Σημεῖα εἶδον ἐν τοῖς ἀστράσι. Τὸ ὁράμα ἐθαύμαζον. Ὄνομα σὸν λέγε μοι. Ἄνδρες ζητοῦσί σε. Ἰδού, ἐγώ εἰμι ὃν ζητεῖτε. Αἱ Μοῦσαι τὸ ἔαρ φιλοῦσιν. Ὁ Θεὸς ἀπέσταλκε τὸν υἱὸν αὐτοῦ σωτῆρα τοῦ κόσμου.

Give the derivation of -orama in Di-orama, &c., Aster, Asterisk, Dis-aster (δύς, *unlucky*), Patri-arch, Crater, Pyre, Pyro-meter, Pyro-technics, Music, Hydraulic, Hydro-gen (γεννάω), Hydropsy or Dropsy, An-onymous (ἀ-, *without*), Syn-onymous.

LXV.

M.	F.	N.
N. φύλαξ, *guard*	N. σάρξ, *flesh*	N. αἷμα, *blood*
G. φύλᾰκ-ος	G. σαρκ-ός	G. αἵματ-ος
N. κύων, *dog*	N. νύξ, *night*	N. στόμα, *mouth*
G. κυν-ός V. κύον	G. νυκτ-ός	G. στόματ-ος
N. ὀδούς, *tooth*	N. γυνή, *woman, wife*	N. γράμμα, *letter, anything*
G. ὀδόντ-ος	G. γυναικ-ός V. γύναι	G. γράμματ-ος [*written*
N. πούς, *foot*	N. παῖς (c.), *boy, girl*	N. ποίημα, *poem, anything*
G. ποδ-ός	G. παιδ-ός V. παῖ	G. ποιήματ-ος [*made*

NOTE.—Nouns in -ξ, -ψ, have the Nominative and Vocative alike; and form the Dative Plural by adding -ι to the Nominative Singular; as, νύξ, νυξί (νυκτ-σί).

Οἱ κύνες φυλάττουσι τὸν οἶκον τοῦ δεσπότου. Τοὺς τοῦ κυνὸς ὀδόντας ἐθαύμασαν. Οἱ φύλακες πρὸ τῆς θύρας ἦσαν. Ἐκ τοῦ στόματός σου κρινῶ σε, πονηρὲ δοῦλε. Δήσατε αὐτοῦ πόδας καὶ χεῖρας. Αἱ παῖδες σὺν ταῖς γυναιξὶν ἦσαν. Αἵματι ἔβαψε τὸ ἱμάτιον. Πνεῦμα σάρκα καὶ ὀστέα οὐκ ἔχει. Τὰ γράμματα μεμαθήκατε; Τὰ τοῦ Ὁμήρου ποιήματα θαυμάζομεν. Ἡμέρας τὴν θύραν ἀνοίγομεν, καὶ νυκτὸς κλείομεν. Ταύτῃ τῇ νυκτὶ οἱ ἀστέρες λαμπροί εἰσι.

Give the derivation of the termination -gram or -gramme (as in Telegram, Epi-gram, Dia-gram, Programme, &c.), Grammar, Parallelo-gram, Cynic, Martyr, Chiro-podist, Anti-podes, Poly-pus (πούς), Sarco-phagus, Phylactery, Poem, Ped-agogue (ἄγω).

LXVI.

Some Nouns of the Third Declension in -ις, -υς (m. and f.) make the Accusative in -ν; a few in -ν or -α.

M.	F.	N.
N. ἰχθ-ύς, *fish*	N. δρῦς, *oak*	N. φῶς, *light*
G. ἰχθ-ύος (V. -ύ, A.-ύν)	G. δρυ-ός (A. -ν)	G. φωτ-ός
N. μῦ-ς, *mouse*	N. μάρτ-υς or -υρ(c.), *witness*	N. χρῶμα, *colour*
G. μυ-ός (V. μῦ, A. -ν)	G. μάρτυ-ρος (A. -ν or -ρα)	G. χρώματ-ος
N. ὄρνις (c.), *bird*	N. χάρι-ς, *favour, grace*	N. οὖς, *ear*
G. ὄρνῑ-θος (A. -ν or -θα)	G. χάρῑ-τος (A. -ν or -τα)	G. ὠτ-ός

βοῦς (c.), *ox, cow,* and ναῦς (f.), *ship,* are somewhat irregular.

S. N. βοῦς	Pl. βό-ες	D. βό-ε	S. ναῦς	Pl. νῆες	D. wanting
V. βοῦ	βό-ες	,,	ναῦ	νῆες	,,
A. βοῦν	βοῦς	,,	ναῦν	ναῦς	,,
G. βο-ός	βο-ῶν	βο-οῖν	νεώς	νεῶν	νεοῖν
D. βο-ΐ	βου-σί	,,	νηΐ	ναυσί	,,

Τὼ ὠτὲ ἀκούετον. Τοῖς ὠσὶν ἀκούομεν ἃ λέγει ἡ γλῶσσα. Τὸ φῶς ἐν τῇ σκοτίᾳ φαίνει. Υἱοὶ φωτός ἐστε. Αἱ νῆες οἶνον ἡμῖν ἄγουσιν. Ὁ πατὴρ ἔθυσε τὸν βοῦν. Τίς οὐ θαυμάζει τὰ τῶν ὀρνίθων χρώματα; Οἱ ἰχθύες ἐν τοῖς ὕδασίν εἰσιν. Οἱ τῶν βοῶν ὀδόντες λευκοὶ ἦσαν. Ἡμεῖς μάρτυρες τουτῶν ἐσμέν. Ἡ δρῦς δένδρον δένδρων ἐστί. Μῦν ἐν οἴκῳ εἶδεν ὁ παῖς. Χάριτι θεοῦ εἰμὶ ὅ εἰμι. Ὁ παῖς τοῦ Φιλίππου ἑκάστης ἡμέρας ἔλεγεν αὐτῷ, Φίλιππε, ἄνθρωπος εἶ.

Give the derivation of Druid, Nau-machy, Martyr, Proto-mar
chthyo-logy, Ornitho-logy, Chroma-trope (τρέπω), Chromo-lithogra
)donto, Photo-graphy, Photo-gen.

LXVII

PRESENT PARTICIPLE OF εἰμί.—ὤν, being.

Singular.

M.	F.	N.
N. ὤν	οὖσ-α	ὄν, being
A. ὄντ-α	οὖσ-αν	
G. ὄντ-ος	οὔσ-ης	ὄντ-ος, of being
D. ὄντ-ι	οὔσ-ῃ	ὄντ-ι, to being

Plural.

N. ὄντ-ες	οὖσ-αι	ὄντ-α, being
A. ὄντ-ας	οὔσ-ας	
G. ὄντ-ων	οὐσ-ῶν	ὄντ-ων, of being
D. οὖ-σι	οὔσ-αις	οὔ-σι, to being

Dual.

N.A. ὄντ-ε	οὖσ-α	ὄντ-ε, (two) being
G.D. ὄντ-οιν	οὔσ-αιν	ὄντ-οιν, of or to, ‹

In the same way decline the Participles in -ων (see Lesson 50).

Pres. Participle λύ-ων	λύ-ουσα	λύ-ον, loosing
Fut. Participle λύσ-ων	λύσ-ουσα	λύσ-ον, about to loos

Participles follow the general rules for contraction (41, 44, 46).

M.	F.	N.
N. φιλ-έων, –ῶν	φιλ-έουσα, –οῦσα	φιλ-έον, –οῦν, lov-
A. -έοντα, –οῦντα	-έουσαν, –οῦσαν	ing
N. τιμ-άων, –ῶν	τιμ-άουσα, –ῶσα	τιμ-άον, –ῶν, hon-
A. -άοντα, –ῶντα	-άουσαν, –ῶσαν	ouring
N. σκην-όων, –ῶν	σκην-όουσα, –οῦσα	σκην-όον,–οῦν, lodg-
A. -όοντα,–οῦντα	-όουσαν,–οῦσαν	ing

Write out the full Declension of the contracted forms of the above.

LXVIII.

Participles are often used with the article as Substantives; as,—

N. ὁ λύων
A. τὸν λύοντα } the (man) loosing ; he who looses.

G. τοῦ λύοντος, of him who looses ; Κύρου λύοντος, as or when Cyrus was loosing. (This form is called the Genitive Absolute.)
D. τῷ λύοντι, to him who looses.

Τίς ἐστιν ὁ κόπτων τὴν θύραν ; Τῷ κόπτοντι ἀνοίξομεν. Ἡ σοφία τῷ ἔχοντι θησαυρὸς μέγας ἐστίν. Αὐτοῦ λαλοῦντος πολλοὶ ἐπίστευσαν. Θεοῦ θέλοντος τοῦτο ποιήσομεν. Τί ποιεῖτε λύοντες τὸν ἵππον ; Ἄνθρωποι τὸν θάνατον φεύγοντες, διώκουσι. Μακάριοι οἱ ὀφθαλμοὶ οἱ βλέποντες ἃ ὑμεῖς βλέπετε. Οὐχ οἱ λέγοντες, ἀλλ᾽ οἱ ποιοῦντες ἀγαθὸν, ἀγαθοί εἰσιν. Αὐτοὺς εἶδον τὸν χρυσὸν κλέπτοντας. Ἥκω ποιήσων ταῦτα. Ἄνθρωπος ὤν, γίγνωσκε τῆς ὀργῆς κρατεῖν.

LXIX.

πᾶς, every, all.

	Singular.			Plural.	
M.	**F.**	**N.**	**M.**	**F.**	**N.**
N. πᾶς	πᾶσ-α	πᾶν	N. πάντ-ες	πᾶσ-αι	πάντ-α
A. πάντ-α	πᾶσ-αν	πᾶν	A. πάντ-ας	πάσ-ας	πάντ-α
G. παντ-ός	πάσ-ης	παντ-ός	G. πάντ-ων	πασ-ῶν	πάντ-ων
D. παντ-ί	πάσ-ῃ	παντ-ί	D. πᾶ-σι	πάσ-αις	πᾶ-σι

Dual.

	M.	**F.**	**N.**
N.A.	πάντ-ε	πάσ-ᾱ	πάντ-ε
G.D.	πάντ-οιν	πάσ-αιν	πάντ-οιν

Decline in the same way ἅπας, all (collectively); and the
First Aorist Participle (50) λύσας, λύσᾱσ-ἄ, λῦσαν, having loosed.

RULE 24.—The Time How long? and the Distance How far? are
put in the Accusative.

ἀπ-έχειν, to have from, to be distant.

Πᾶν δένδρον καλὸν καρποὺς ἀγαθοὺς ποιεῖ. Ἐὰν ᾖς ἀγαθὸς, πάν-
τες σε φιλήσουσι. Πάσῃ μητρὶ οὐκ ἔστι θυγάτηρ ἀγαθή. Τοῦτο
λέγω παντὶ τῷ ὄντι ἐν ὑμῖν. Πάντα πρὸς τὸ φῶς ὁ χρόνος ἄγει.
Ὑμεῖς ἅπαντες πιστοί ἐστε. Ὁ φιλόσοφος ἀνοίξας τὸ στόμα αὐτοῦ,
ἐδίδασκε τοὺς μαθητάς. Πάντες οἱ ἀκούσαντες ἐθαύμασαν. Ἀκούσας
ὁ Κῦρος τὴν φωνὴν ἠρώτα αὐτὸν, τί λέγοι. Ἐκεῖ ἔμεινε πᾶσαν
τὴν ἡμέραν. Ὁ πύργος οὐ πολλὴν ὁδὸν ἀπέχει ἀπὸ τοῦ ποταμοῦ.

Give the derivation of Pan-theon, Pan-orama, Pan-technicon, &c.

LXX.

Perfect Participle, Active Voice (50).

	M.	F.	N.
N.V.	λελυκώς	λελυκυῖ-ᾰ	λελυκός, *having loosed*
A.	λελυκότ-α	λελυκυῖ-αν	λελυκός
G.	λελυκότ-ος	λελυκυί-ας	λελυκότ-ος
	&c.	&c.	&c.

θνητ-ός	θνητ-ή	θνητ-όν, *mortal*
λέ-ων,-οντος, *lion*	ἀδικία, *injustice*	πρόβατ-ον, *sheep*
	ἁμαρτί-α, *sin*	

M. & F.	N.
ἄ-πιστ-ος	ἄ-πιστ-ον, *unfaithful*
ἀ-θάνᾰτ-ος	ἀ-θάνατ-ον, *undying, immortal*
ἄ-δῐκ-ος	ἄ-δικ-ον, *unjust*
ἄ-θε-ος	ἄ-θε-ον, *ungodly*

Note.—The prefix a- or av- (Eng. un-, &c.) generally reverses the meaning of a word, and makes the Masculine and Feminine of Adjectives alike.

Subordinate or governed words often stand between the Participle and its Article; as, ὁ τοῦτο ποιῶν, *he who does this.*

Σοφοί εἰσιν οἱ μεμαθηκότες. Ἐρώτησον τοὺς ἀκηκοότας τί ἐλάλησα αὐτοῖς. Φιλῶ τούς με φιλοῦντας. Οἱ πολὺν χρυσὸν ἔχοντες φίλους ἕξουσι. Στρατιώτας εἶχε τὸν θησαυρὸν φυλάττοντας. Ἐχθρὸς μέν ἐστι τῷ θεῷ ὁ ἄδικος, ὁ δὲ δίκαιος φίλος. Πᾶσα ἀδικία ἁμαρτία ἐστί. Τὰ μὲν σώματα ἡμῶν θνητά ἐστιν, αἱ δὲ ψυχαὶ ἀθάνατοι μένουσι. Οἱ λέοντες τὰ πρόβατα ἥρπασαν. Μέσης νυκτὸς ἔκλεψε τὸν χρυσόν.

Give the derivation of the prefix A- or An- in A-theist, An-archy, &c.

LXXI.

The Interrogative Pronoun τίς;

	Singular.			Plural.	
	M. and F.	**N.**		**M. and F.**	**N.**
N.	τίς, *who?*	τί, *what?*	N.	τίν-ες, *who?*	τίν-α, *what?*
A.	τίν-α, *whom?*	τί, *what?*	A.	τίν-ας, *whom?*	τίν-α, *what?*
G.	τίν-ος, *whose? of what?*		G.	τίν-ων, *of whom? of what?*	
D.	τίν-ι, *to whom? to what?*		N.	τί-σι, *to whom? to what?*	

Dual.

N.A. τίν-ε, *who? whom? what?*

G.D. τίν-οιν, *of or to whom?* &c.

The Indefinite Pronoun τις, *a certain, some*, has generally no accent, and stands *after* the word to which it refers.

Numerals—One to Four.

		Singular.				Plural.	
	M.	**F.**	**N.**			**M. and F.**	**N.**
N.	εἷς	μί-ᾰ	ἕν, *one*	N.A.		τρεῖς	τρί-α, *three*
A.	ἕν-α	μί-αν	ἕν, *one*	G.		τρι-ῶν, *of three*	
G.	ἑν-ός	μι-ᾶς	ἑν-ός, *of one*	D.		τρι-σί, *to three*	
D.	ἑν-ί	μι-ᾷ	ἑν-ί, *to one*				

	Dual (all genders).		N.	τέσσαρ-ες	τέσσαρ-α, *four*
N.A.	δύ-ο and δύ-ω, *two*		A.	τέσσαρ-ας	τέσσαρ-α, *four*
G.D.	δυ-οῖν, δυ-εῖν, *of or to two*		G.	τεσσάρ-ων, *of four*	
D.	rarely δυ-σί, *to two*		D.	τέσσαρ-σι, *to four*	

Write out the declension of οὐδ-είς, οὐδε-μία, οὐδ-έν, and μηδ-είς, μηδε-μία, μηδ-έν, *no one, nothing*; and of ὅσ-τις, ἥ-τις, ὅ-τι, *whoever, whatever*; declining both ὅς and τις.

LXXII.

NOTE.—Two or more negatives are used to strengthen the negation; as, οὐ μὴ πιστεύσω, I will not believe; οὐ (with its compounds) denies; μή, forbids.

στάδι-ον, pl. -οι and -α (23), furlong.

Τίς ταύτην τὴν ἐπιστολὴν γέγραφε; Λέγε μοι, ὅστις ταύτην τὴν ἐπιστολὴν γέγραφε; Τίνα με λέγουσιν οἱ ἄνθρωποι εἶναι; Τίνος υἱὸς ἦν Ἀλέξανδρος ὁ μέγας; Τοῦ Φιλίππου. Ὁ Ἰωάννης ἔπεμψέ τινας τῶν μαθητῶν αὐτοῦ πρὸς τὸν Ἰησοῦν. Ὅ τι ἂν λέγῃ ὑμῖν, ποιήσατε. Οὐδὲν ἄξιον θανάτου πέπραχεν. Ἐγὼ οὐ κρίνω οὐδένα. Ποιεῖ μηδὲν μετʼ ὀργῆς. Μηδένι μηδὲν εἴπῃς. Ἕνα πατέρα ἔχομεν τὸν Θεόν. Ἡ κώμη ἀπέχει τρεῖς σταδίους ἀπὸ τῆς θαλάσσης. Ἔμεινεν ἐκεῖ δύο ἡμέρας.

LXXIII.

COMPARISON OF ADJECTIVES.

The Comparative and Superlative are formed (1) in -τερος, -τατος, or (2) less commonly in -ίων, -ιστος.

1. Adjectives in -ος, -υς, drop the ς before -τερος, -τατος.

Positive   μικρ-ός,   -ά,   -όν, small
Comparative μικρ-ότερος, -οτέρα, -ότερον, smaller
Superlative μικρ-ότᾰτος, -οτάτη, -ότᾰτον, smallest, very small

Compare in this way μακρ-ός, πονηρ-ός, λαμπ-ρός, ἰσχῡρ-ός, δίκαι-ος, πιστ-ός; ὑψηλ-ός, -η, -ον, high, lofty; κοιν-ός, -ή, -όν, common.

RULE 25.—Comparatives are frequently followed by a Genitive, the Conjunction ἤ, than, being omitted.

ἤ (conj.), *than, or.*

Μικρότερος τοῦ πατρός μου εἰμι, ὁ δὲ ἀδελφός μου μικρότατός ἐστι. Τί ἰσχυρότερον λέοντος; Τὸ φῶς τοῦ ἡλίου λαμπρότερόν ἐστιν ἢ τὸ τῆς σελήνης. Ὁ θεὸς ἰσχυρότερος τῶν ἀνθρώπων ἐστί. Μὴ ἰσχυρότεροι αὐτοῦ ἐσμέν; Φιλῶ τοὺς δικαιοτάτους. Ὁ πύργος, ὃν ἔφθειραν, ὑψηλότατος ἦν. Τί κοινότατον; Ἐλπίς. Τῇ νυκτὶ ταύτῃ οἱ ἀστέρες λαμπρότατοί εἰσιν. Ὁ Κῦρος ἔπεμψε δοῦλον, ὃν εἶχε πιστότατον.

LXXIV.

When the penult (or last syllable but one) is short, o is changed to ω before -τερος, -τατος.

Positive   σοφ-ός,   -ή   -όν, *wise*
Comparative σοφ-ώτερος, -ωτέρα, -ώτερον, *wiser*
Superlative σοφ-ώτᾰτος, -ωτᾰτη, -ώτᾰτον, *wisest*

Compare thus πλούσῐ-ος, μακάρῐ-ος, πολέμῐ-ος, ἄδῐκ-ος, ἄξῐ-ος, νέ-ος, -α, -ον, *young, new*; φρόνῐμ-ος (m. and f.), -ον (n.), *prudent, cunning.*

Sometimes -ος is changed to -αι before -τερος, -τατος; as, Pos. μέσ-ος, Comp. μεσαί-τερος, Sup. μεσαί-τατος.

Θαλ-ῆς, -οῦ or -ῆτος (m.), *Thales*; Ἐλιζάβετ (f.), *Elizabeth*; εἰπόντος τινὸς (Gen. Absolute), *some one saying*, or *when some one said.*

Θαλῆς, εἰπόντος τινὸς, τί σοφώτατόν ἐστι; χρόνος, ἔφη, εὑρίσκει γὰρ τὰ πάντα. Δεῖ τὸν διδάσκαλον σοφώτερον εἶναι τῶν μαθητῶν. Σὺ σοφώτερός μου εἶ. Οἱ σοφώτατοι οὐκ ἀεὶ μακαριώτατοί εἰσι. Πολλοὶ μὲν τῶν πολιτῶν πλούσιοί εἰσιν, οὗτος δὲ πλουσιώτατος πάντων. Ἐλιζάβετ φρονιμωτέρα ἐστὶ τοῦ Φιλίππου. Ὁ νεώτερος υἱὸς σοφώτερός ἐστιν. Οὐδὲν ὀργῆς ἀδικώτερον. Τῆς νυκτὸς λάμπει τὸ πῦρ.

LXXV.

2. Comparative -ίων, Superlative -ιστος.

Positive   καλ-ός,   -ή,   -όν, *beautiful*
Comparative καλλ-ίων (m. and f.), -ιον, *more beautiful* (62)
Superlative κάλλ-ιστος, -ίστη, -ιστον, *most beautiful*

Some Adjectives in -ρος drop ρ before -ίων, -ιστος.

Compare κακ-ός, αἰσχρ-ός, ἐχθρ-ός.

φίλ-ος commonly makes Comp. φίλ-τερος, Sup. φίλ-τατος, but it has also the forms φιλ-ώτερος, φιλ-ώτατος; φιλ-αίτερος, φιλ-αίτατος; and φιλ-ίων, φίλιστος.

RULE 26.—The Neuters of Adjectives are used as Adverbs, as πολύ, *much*; πρῶτον, *first*; μόνον, *only*.

Ἐπαμινώνδ-ας, -ου (m.) *Epaminondas.*

Ἐπαμινώνδας ἔλεγεν ὅτι ὁ ἐν πολέμῳ θάνατος κάλλιστος εἴη. Ἡ γυνὴ πολὺ καλλίων τοῦ ἀνδρὸς ἦν. Ὁ μὲν κλέπτης κακός ἐστιν, ὁ δὲ ψεύστης κακίων. Ἡ ὀργή ἐστι κάκιστον. Οἱ πονηροὶ τοῖς δικαίοις ἔχθιστοί εἰσιν. Αἴσχιστόν ἐστι φίλον ἀδικεῖν. Τί ποιεῖς, φίλτατε παῖ; Οὐδὲν αἴσχιον τῆς ἁμαρτίας ἐστιν. Ἀθάνατον θεὸν πρῶτον τίμα. Ἄνθρωπός ἐστι πνεῦμα καὶ σκιὰ μόνον.

F

LXXVI.

SOME IRREGULAR COMPARATIVES AND SUPERLATIVES.

POSITIVE.	COMPARATIVE.	SUPERLATIVE.
μέγας, *great*	μείζων, *greater* (62)	μέγιστος, *greatest*
μικρός, *little*	ἐλάσσων, *less*	ἐλάχιστος, *least*
πολύς, *much*	πλείων (πλέων), *more*	πλεῖστος, *most*
ἀγαθός, *good*	⎰ ἀμείνων ⎱ *better* ⎰ κρείττων ⎱	⎰ ἄριστος ⎱ *best* ⎰ κράτιστος ⎱

οὐχί (adv.), for οὐ, *not*.

Οὐκ ἔστιν ὁ δοῦλος μείζων τοῦ κυρίου αὐτοῦ. Ὁ μείζων δουλεύσει τῷ ἐλάσσονι. Μείζω τούτων ποιήσει. Ὁ πιστὸς ἐν ἐλαχίστῳ καὶ ἐν πολλῷ πιστός ἐστι, καὶ ὁ ἐν ἐλαχίστῳ ἄδικος καὶ ἐν πολλῷ ἄδικός ἐστιν. Οὐ φιλήσεις τὸν πατέρα σου ἢ τὴν μητέρα σου πλεῖόν μου, λέγει ὁ Θεός. Ὅπλον μέγιστόν ἐστιν ἡ ἀρετή. Οὐχὶ ὁ ἀνὴρ κρείσσων τοῦ κυνός; Κρεῖττόν ἐστιν, ἕνα φίλον ἔχειν πολλοῦ ἄξιον, ἢ πολλοὺς μηδένος ἀξίους.

LXXVII.

CONJUGATION OF THE VERB IN -ω—PASSIVE VOICE.
INDICATIVE MOOD.

PRESENT TENSE.		IMPERFECT TENSE.	
S. λύ-ομαι, I am		S. ἐ-λυ-όμην, I was	
λύ-ει or ῃ, thou art		ἐ-λύ ου, thou wast	
λύ-εται, he is,	*loosed, or being loosed*	ἐ-λύ-ετο, he was	*loosed, or being loosed*
Pl. λυ-όμεθα, we are		Pl. ἐ-λυ-όμεθα, we were	
λύ-εσθε, ye are		ἐ-λύ-εσθε, ye were	
λύ-ονται, they are		ἐ-λύ-οντο, they were	
D. λυ-όμεθον, we two are		D. ἐ-λυ-όμεθον, we two were	
λύ-εσθον, ye or they, &c.		ἐ-λυ-έσθην, ye or they, &c.	

INDICATIVE MOOD—*(continued)*.

FUTURE TENSE. S. λύ-*θήσομαι*, I shall λυ-*θήσει* or *η*, thou wilt λυ-*θήσεται*, he will Pl. λυ-*θησόμεθα*, we shall λυ-*θήσεσθε*, ye will λυ-*θήσονται*, they will D. λυ-*θησόμεθον*, we two shall λυ-*θήσεσθον*, ye *or* they two will } *be loosed*	**FIRST AORIST TENSE.** S. ἐ-λύ-*θην*, I was ἐ-λύ-*θης*, thou wast ἐ-λύ-*θη*, he was Pl. ἐ-λύ-*θημεν*, we were ἐ-λύ-*θητε*, ye were ἐ-λύ-*θησαν*, they were D. ἐ-λυ-*θήτην*, ye *or* they two were } *loosed*
PERFECT TENSE. S. λέλῠ-*μαι*, I have λέλυ-*σαι*, thou hast λέλυ-*ται*, he has Pl. λελύ-*μεθα*, we have λέλυ-*σθε*, ye have λέλυ-*νται*, they have D. λελύ-*μεθον*, we two have λέλυ-*σθον*, ye *or* they two have } *been loosed*	**PLUPERFECT TENSE.** S. ἐ-λελῠ-*μην*, I had ἐ-λέλυ-*σο*, thou hadst ἐ-λέλυ-*το*, he had Pl. ἐ-λελύ-*μεθα*, we had ἐ-λέλυ-*σθε*, ye had ἐ-λέλυ-*ντο*, they had D. ἐ-λελύ-*μεθον*, we two had ἐ-λελύ-*σθην*, ye *or* they two had } *been loosed*

The Second Aorist has the same tense-endings as the First Aorist, dropping θ.

LXXVIII.

Present Passive (-ομαι).

Pres. Infin. λύ-εσθαι, to be *loosed*.

Pres. Part. λυ-όμενος. -ομένη. -όμενον. *loosed* or being *loosed*.

The Present Passive is formed from the Present Active by changing -ω to -ομαι; as, λύ-ω, λύ-ομαι.

Note.—Contracted Verbs follow the same rules of Contraction in the Passive as in the Active.

Rule 27.—The Agent *By whom*, and the Instrument *By which*, after a Passive Verb, are often expressed by ὑπό, with a Genitive.

Πέρσ-ης, -ου (m.), a *Persian*.

Ὁ δοῦλος λύεται. Αἱ ἐπιστολαὶ καλῶς γράφονται. Τί και-νὸν λέγεται; Ὡς δένδρον ἐκ καρποῦ γιγνώσκεται, οὕτω καὶ ἡμεῖς ἐξ ἔργων γιγνωσκόμεθα. Πᾶν δένδρον, μὴ ποιοῦν καρπὸν καλὸν, ἐκκόπτεται καὶ εἰς πῦρ βάλλεται. Οἱ ἵπποι εἰς μάχην ἄγονται. Ὑμεῖς οἱ φεύγοντες διώκεσθε. Ταῦτα εὖ πράττεται. Ἀδικοῦμαι ὑπὸ τῶν Περσῶν. Τί με κελεύεις τύπτεσθαι; Φι-λοῦντες φιλοῦνται, μισοῦντες μισοῦνται. Κρεῖττόν ἐστι φιλεῖσθαι ἢ τιμᾶσθαι. Ἐλπὶς βλεπομένη οὐκ ἔστιν ἐλπίς.

LXXIX.

Imperfect Passive (-όμην).

The Imperfect Passive is formed from the Present by prefixing the Augment and changing -ομαι to -όμην.

Write out the Contracted forms of the Present and Imperfect In-dicative Passive of τιμ-άω, φιλ-έω, and σκην-όω.

Ἐκ φυλακῆς ἐλυόμην. Ὁ μῦθος καλῶς ἐλέγετο. Τὸ ἀρνίον ὑπὸ τοῦ λέοντος ἡρπάζετο. Ὑπὸ τῶν ποιμένων ἐδιωκόμεθα. Τὸ τάλαντον πρός σε ἐπέμπετο. Ὁ λίθος ὑπὸ τοῦ παιδὸς ἐβάλλετο. Οἱ στρατιῶται ὑπὸ Κύρου εἰς μάχην ἐστέλλοντο. Ὑπὸ τῶν πολεμίων ἐδιώκεσθε. Αἱ τῶν γυναικῶν στολαὶ ἐθαυμάζοντο. Τὸ δένδρον τὸ μέγα ἐξεκόπτετο. Ἐτιμᾶτο ὁ πατὴρ ὑπὸ πάντων τῶν υἱῶ ναυτοῦ.

LXXX.

PERFECT AND PLUPERFECT PASSIVE (-μαι, -μην).

Perf. Infin. λελύ-σθαι, to have been *loosed*.

Perf. Part. λελυ-μένος, -μένη, -μένον, having been *loosed*.

The Perfect Passive is formed from the Perfect Active by changing

-κα to -μαι, as λέλυ-κα, λέλυ-μαι (sometimes to -σ-μαι); but

-κα (Lingual) to -σ-μαι, as πέπει-κα, πέπεισ-μαι

-φα preceded by a vowel to μ-μαι, as γέγρα-φα, γέγραμ-μαι

-χα „ „ to -γ-μαι, as λέλε-χα, λέλεγ-μαι

Perf. Pass. in -μμαι.	Perf. Pass. in -γμαι.
S. γέγρα-μμαι, -ψαι, -πται	S. λέλε-γμαι, -ξαι, -κται
Pl. -μμεθα, -φθε, -μμένοι εἰσί	Pl. -γμεθα, -χθε, -γμένοι εἰσί
D. -μμεθον, -φθον	D. -γμεθον, -χθον

The Pluperfect is formed from the Perfect by prefixing the Augment, and changing -μαι to -μην. The Pluperfect has the same euphonic changes as the Perfect.

From τάσσω form the Perf. Pass. τέταγμαι; from ποιέω, πεποίημαι;

from καλέω, κέκλημαι; from κρύπτω, κέκρυμμαι; from σώζω, σέσωσμαι; from κλείω, κέκλεισμαι; from ἑτοιμάζω, ἡτοίμασμαι.

Ταῦτα καλῶς λέλεκται. Ἐν τῷ νόμῳ τί γέγραπται; πῶς ἀναγιγνώσκεις; Λέξω σοι ἃ τέτακταί σοι ποιῆσαι. Πάντα ἃ ἐκέλευσας πεποίηται. Ἤδη ἡ θύρα κέκλεισται. Εἰς πᾶν ἔργον ἀγαθὸν ἡτοιμάσμεθα. Ἡ γῆ κέκρυπται. Τὸ σῶμα ἐκέκρυπτο. Αἱ ἐπιστολαὶ γεγραμμέναι εἰσίν. Οἱ στρατιῶται τεταγμένοι ἦσαν. Θαυμάζω τὰ πεποιημένα. Τῇ χάριτι σεσωσμένοι ἐσμεν.

LXXXI.
FIRST AORIST PASSIVE (-θην).

First Aor. Infin.   λυ-θῆναι, to be or to have been loosed

First Aor Part. N. λυ-θείς,   -θεῖσα, -θέν, having been loosed

         G. λυ-θέντος, -θείσης, -θέντος

      (D. Pl. -θεῖσι,   -θείσαις, -θεῖσι)

The First Aorist Passive is formed from the Perfect Passive by dropping the initial Consonant (if any), and changing

-μαι to -θην, as λέλυ-μαι, ἐλύ-θην; ἤκουσ-μαι, ἠκούσ-θην

-μ-μαι to -φ-θην, as γέγραμ-μαι, ἐγράφ-θην

-γ-μαι to -χ-θην, as λέλεγ-μαι, ἐλέχ-θην

Form the First Aorist Passive thus:—

Pres. Act.	Fut. Act.	Perf. Act.	Perf. Pass.	1 Aor. Pass.
καλέ-ω	καλέ-σω	κέ-κλη-κα	κέ-κλη-μαι	ἐ-κλή-θην

From ἀνοίγω form ἀνεῴχθην; from κλείω, ἐκλείσθην; from κρίνω, ἐκρίθην; from ἐγείρω, ἠγέρθην; from ἄγω, ἤχθην (Inf. ἀχθῆναι); from τύπτω, ἐτύφθην (Inf. τυφθῆναι); from τελέω, ἐτελέσθην; from ἐρωτάω, ἠρωτήθην (Part. ἐρωτηθείς); from σείω, ἐσείσθην; from διδάσκω, ἐδιδάχθην; from σώζω, ἐσώθην (Inf. σωθῆναι); from βάλλω, ἐβλήθην.

Ἀναχαρσις, *Anacharsis.*

Ὑπὸ τοῦ διδασκάλου ἐλύθην. Ἡ θύρα ἀνεῴχθη. Ἐν ἅρματι ὧδε ἤχθημεν. Κατὰ τὸν νόμον ἐκρίθητε. Ἐκλείσθησαν αἱ θύραι τῆς φυλακῆς. Πᾶν τὸ ἔργον ἐτελέσθη. Ἐποίησαν ὡς ἐδιδάχθησαν. Πᾶσα ἡ κώμη ἐσείσθη. Οἱ ὀφειλέται εἰς φυλακὴν ἐβλήθησαν. Ὁ δεσπότης ἐκέλευσε τὸν ἐργάτην ἀχθῆναι καὶ τυφθῆναι. Ὁ θεὸς πάντας ἀνθρώπους θέλει σωθῆναι. Ἀνάχαρσις ἐρωτηθεὶς ὑπό τινος, ‘ τί ἐστι πολέμιον ἀνθρώποις ;’ ‘ αὐτοί,’ ἔφη, ‘ αὐτοῖς’ (= ἑαυτοῖς).

LXXXII.

FIRST FUTURE PASSIVE (-θήσομαι).

Fut. Infin. λυθησ-εσθαι, *to be about to be loosed.*

Fut. Part. λυθησ-όμενος, -ομένη, όμενον, *about to be loosed.*

The First Future Passive is formed from the First Aorist Passive by dropping the Augment, and changing -θην to -θήσομαι ; as,

Pres. Act. Fut. Act. Perf. Act. Perf. Pass. 1 Aor. Pass. 1 Fut. Pass.

καλέ-ω, καλέ-σω, κέ-κλη-κα, κέ-κλη-μαι, ἐ-κλή-θην, κλη-θήσομαι.

Form (as above) the First Fut. Pass. of the Verbs in Lesson 81 ; also from γιγνώσκω form γνωσθήσομαι ; and from ποιέω, ποιηθήσομαι.

Δικαίως κριθήσομαι. Μενῶ ἀκοῦσαι πῶς ὁ ἀγὼν κριθήσεται. Πίστευσον ἐπὶ τὸν Κύριον Ἰησοῦν καὶ σωθήσῃ. Οἱ λόγοι τοῦ θεοῦ τελεσθήσονται. Ἐν ᾧ κρίματι κρίνετε, κριθήσεσθε. Οὐδέν ἐστι κεκρυμμένον, ὃ οὐ γνωσθήσεται. Κληθήσονται υἱοὶ θεοῦ ζῶντος. Αἱ θύραι ἀνεῳχθήσονται. Ἔχει ἐν τῇ χειρὶ βιβλίον ἀνεῳγμένον. Τί τὸ πεποιημένον ; αὐτὸ τὸ ποιηθησόμενον.

LXXXIII.

IMPERATIVE PASSIVE.

PRESENT.		1 AORIST.	PERFECT (rare).
S. λύ-ου, be thou		λύ-θητι	λέλυ-σο
λυ-έσθω, let him be		λυ-θήτω	λελύ-σθω
Pl. λύ-εσθε, be ye	loosed	λύ-θητε	λέλυ-σθε
-έσθωσαν } let them be		λυ-θήτωσαν	λελύ-σθωσαν
or -έσθων }		or -θέντων	or -σθων
D. λύ-εσθον, be ye (two)		λύ-θητον	λέλυ-σθον
λυ-έσθων, let them be		λυ-θήτων	λελύ-σθων

The First Aorist and the Perfect Imperative are translated as the Present.

CONJUNCTIVE PASSIVE.

PRESENT.		1 AORIST.	PERFECT.	
S. λύ-ωμαι, I may		λυ-θῶ	λελυμέν-ος	ὦ
λύ-ῃ, thou mayst		λυ-θῇς	„	ᾖς
λύ-ηται, he may		λυ-θῇ	„	ᾖ
Pl. λυ-ώμεθα, we may	be	λυ-θῶμεν	λελυμέν-οι	ὦμεν
λύ-ησθε, ye may	loosed	λυ-θῆτε	„	ἦτε
λύ-ωνται, they may		λυ-θῶσι	„	ὦσι
D. λυ-ώμεθον, we two may				
λύ-ησθον, ye or they, &c.		λυ-θῆτον	λελυμέν-ω	ἦτον

The First Aorist Conjunctive is translated as the Present. The Perfect, which is made up of the Perfect Participle and the Conjunctive Present of εἰμί, is translated *I may have been loosed.*

From Lesson 80 it will be seen that

K-sounds with μ become $-\gamma\mu$	P-sounds with μ become $-\mu\mu$
„ σ „ $-\xi$	„ σ „ $-\psi$
„ θ „ $-\chi\theta$	„ θ „ $-\phi\theta$

This change of letters is made for the sake of *Euphony*,* and must be applied to the declension of the First Aorist and Perfect tenses of all Moods.

Form the tenses of the Imperative and Conjunctive Passive of θαυμάζω, διώκω, γράφω, ἄγω, τελέω, ἀνοίγω, βάλλω, σώζω, from the corresponding tenses of the Indicative.

LXXXIV.

Write out the Contracted forms of the Present Imperative and Conjunctive of τιμάω, φιλέω, σκηνόω.

'Ω (Interjection), O.

'Ω γύναι, θαυμάζου. 'Ω κλέπται, διώκεσθε. 'Αγέσθω ὁ ἵππος. Τελέσθωσαν οἱ λόγοι σου. 'Ανοιχθήτω ἡ θύρα. Οἱ κλέπται μὴ λυθήτωσαν. Λύθητε, φίλοι. 'Ω παῖ, βλήθητι εἰς τὴν θάλασσαν. Μὴ κρίνετε, ἵνα μὴ κριθῆτε. 'Ο Θεὸς ἀπέστειλε τὸν υἱὸν αὐτοῦ εἰς τὸν κόσμον ἵνα σωθῇ ὁ κόσμος δι' αὐτοῦ. "Οπλα αἴρομεν ὅπως μὴ διωκώμεθα.

---

* Euphonic changes arise from the difficulty of pronouncing certain letters in succession, and are made rather for the convenience of the speaker, than that of the hearer.

LXXXV.

Optative Passive.

Present.		Future.	
S. λυ-οίμην. I might		λυ-θησοίμην, I might	
λύ-οιο, thou mightst		λυ-θήσοιο, thou mightst	
λύ-οιτο, he might		λυ-θήσοιτο. he might	
Pl. λυ-οίμεθα, we might	be loosed	λυ-θησοίμεθα, we might	be loosed.
λύ-οισθε, ye might		λυ-θήσοισθε, ye might	
λύ-οιντο, they might		λυ-θήσοιντο. they might	
D. λυ-οίμεθον, we two, &c.		λυ-θησοίμεθον, we two, &c.	
λυ-οίσθην, ye or they two might		λυ-θησοίσθην, ye or they two might	
First Aorist.		Perfect (rare).	
S. λυ-θείην		λελυμέν-ος είην, I might	
λυ-θείης		" είης. thou mightst	
λυ-θείη		" είη, he might	
Pl. λυ-θείημεν, -θεῖμεν		λελυμέν-οι είημεν, we might	have been loosed.
λυ-θείητε, -θεῖτε		" είητε, ye might	
λυ-θείησαν, -θεῖεν		" είησαν, they might	
D. λυ-θείητην, -θείτην		λελυμέν-ω είητην, ye or they, &c.	

The First Aorist Optative is translated as the Present.

COGNATE TENSES IN THE PASSIVE VOICE.

	INDIC.	CONJUNCT.	OPTAT.	IMPER.	INFIN.	PART.
Pres.	-ομαι	-ωμαι	-οίμην	-ου	-εσθαι	-όμενος
Imp.	-όμην					
Perf.	-μαι	{ -μένος ὦ	-μένος εἴην }	-σο	-σθαι	-μένος
Plup.	-μην					
Fut. P.	-ομαι*		-οίμην		-εσθαι	-όμενος
1 Aor.	-θην	-θῶ	-θείην	-θητι	-θῆναι	-θείς
1 Fut.	-θήσομαι Opt. -θησοίμην Inf. -θήσεσθαι P. -θησόμενος

* The Future Perfect λελύσ-ομαι, *I shall have been loosed*, is declined like the Present.

The Second Aorist and Second Future have the same Tense-endings as the First Aorist and First Future, *dropping* θ (except the 2 Aor. Imper. -ηθι).

Write out the Cognate Tenses Passive of γράφω, λέγω, κλείω.

LXXXVI.

CONJUGATION OF THE VERB IN -ω.—MIDDLE VOICE.

The Middle Voice denotes an action which the Agent does *to* or *for himself*, or gets done for his benefit; as, λύομαι, *I loose myself* or *for myself*.

The Tenses of the Middle Voice are generally like the Passive in Greek, excepting the Future and Aorists, which are as follows:—

	Indic.	Conjunct.	Optat.	Imper.	Infin.	Part.
Fut.	λύσ-ομαι		-οίμην		-εσθαι	-όμενος
1 Aor.	ἐλῦσ-άμην	-ωμαι	-αίμην	-αι	-ασθαι	-άμενος
2 Aor.	-όμην	-ωμαι	-οίμην	-ου	-έσθαι	-όμενος

	1 Aorist Indicative.	1 Aor. Optat.	1 Aor. Imper.
S.	ἐ-λῦ-σάμην, I loosed myself	λυ-σαίμην	
	ἐ-λύ-σω, thou loosedst thyself	λύ-σαιο	λῦ-σαι
	ἐ-λύ-σατο, he loosed himself	λύ-σαιτο	λυ-σάσθω
Pl.	ἐ-λυ-σάμεθα, we loosed ourselves	λυ-σαίμεθα	λύ-σασθε
	ἐ-λύ-σασθε, ye loosed yourselves	λύ-σαισθε	λυ-σάσθωσαν
	ἐ-λύ-σαντο, they loosed themselves	λύ-σαιντο	or σάσθων
D.	ἐ-λυ-σάμεθον, we two, &c.	λυ-σαίμεθον	λύ-σασθον
	ἐ-λυ-σάσθην, ye or they two, &c.	λυ-σαίσθην	λυ-σάσθων

The Tense-endings not given above are formed regularly.

LXXXVII.

Present and Imperfect Middle.

Active.	Middle.
φυλάσσ-ω, I guard	φυλάσσ-ομαι, I guard myself
τρέπ-ω, I turn	τρέπ-ομαι, I turn myself
τάσσ-ω, I order, draw up	τάσσ-ομαι, I draw myself up
παύ-ω, I cause to cease	παύ-ομαι, I cease
γυμνάζ-ω, I exercise	γυμνάζ-ομαι, I exercise myself
ἅπτ-ω, I fasten	ἅπτ-ομαι, I touch
φαίν-ω, I show	φαίν-ομαι, I appear
φοβ-έω, I frighten	φοβ-έομαι, -οῦμαι, I fear
ποι-έω, I make	ποι-έομαι, -οῦμαι, I make for myself

RULE 28.—Verbs of the *senses*, except *seeing*, commonly take the Genitive after them.

Ἐγὼ ἅπτομαί σου. Τίς ἅπτεταί μου; Ἡμεῖς φυλασσόμεθα. Ὁ ναύτης ἐν πλοίῳ ἐφυλάσσετο. Ὁ λύκος ἐπὶ τὰ πρόβατα τρέπεται. Τοῖς Πέρσαις πόλεμον ποιοῦνται. Οὐκ ἐπαύοντο διδάσκοντες Ἰησοῦν τὸν Χριστόν. Ἐζήτει ἅπτεσθαι αὐτοῦ. Ὑμεῖς οἱ φοβούμενοι Θεὸν, ἀκούετε. Τί ὑμῖν φαίνεται; Τοὺς στρατιώτας εἶδεν ἐν πεδίῳ γυμναζομένους.

LXXXVIII.

FUTURE AND FIRST AND SECOND AORIST MIDDLE.

The Future Middle is formed from the Future Active by changing -ω to -ομαι; as, λύσ-ω, λύσ-ομαι.

The First Aorist Middle is formed from the First Aorist Active by adding -μην; as, ἔλυσα, ἐλυσά-μην.

The Second Aorist Middle is formed from the Second Aorist Active by changing -ον to -όμην.

Form the Fut. and First Aor. Mid. of the Verbs in Lesson 87.

The Numerals from five to one hundred are not declined.

FIG. NAME.	FIG. NAME.	FIG. NAME.	FIG. NAME.
α΄ εἷς, one	δ΄ τέσσαρες, four	ζ΄ ἑπτά, seven	ι΄ δέκα, ten
β΄ δύω, two	ε΄ πέντε, five	η΄ ὀκτώ, eight	ια΄ ἕνδεκα, eleven
γ΄ τρεῖς, three	ϛ΄ ἕξ, six	θ΄ ἐννέα, nine	ιβ΄ δώδεκα, twelve

Ὁ πολέμιος ἐν νηῒ ἐφυλάξατο. Ἐγὼ καὶ φυλάξομαι. Οἱ πολῖται κατὰ τοὺς πολεμίους ἐτάξαντο. Ὁ ἐχθρὸς τραπόμενος ἔφυγεν. Ὁ φιλόσοφος ἐπαύσατο λαλῶν. Ἥψατό μού τις τῶν ἱματίων. Τίς ὁ ἀψάμενός μου; Ὁ Ἡρόδοτος κοινὴν ἔγραψεν ἱστορίαν ἐν ἐννέα βιβλίοις. Δέκα τῶν ἀρνίων μου ἥρπασεν ὁ λύκος. Ἑπτὰ ἄρτους ἔχομεν.

Give the derivation of Octa-gon (γωνία, *corner, angle*), Hexa-gon, Penta-gon, Deca-gon, Tetra-gon, Poly-gon, Tri-gono-metry, Hept-archy, Tetr-arch, Deca-logue, Tri-pod, Octo-pus (πούς).

LXXXIX.

MIDDLE VERBS.

Some Middle Verbs have a Perfect of the Active form.

PRESENT.	FUTURE.	PERFECT.	2 AORIST.	
γίγνομαι (or γῖν-)	γενήσομαι	γέγονα	ἐγενόμην,	I become, am made
βούλομαι	βουλήσομαι	βέβουλα		I wish
ἔρχομαι	ἐλεύσομαι	ἐλήλυθα	ἦλθον,	I come
πορεύομαι	πορεύσομαι	πεπόρευμαι		I go, travel
θεάομαι	θεάσομαι	τεθέαμαι		I view, gaze at

RULE 29.—Copulative Verbs, such as εἰμί, *I am*, γίγνομαι, *I become*, take after them a word in the same Case as the Subject.

Ὁ κροκόδειλος ἐξ ἐλαχίστου γίγνεται μέγιστος. Τῆς νυκτὸς ἔρχονται οἱ κλέπται ἵνα κλέψωσι. Τί ὧδε ἐληλύθατε; Οὐκ ἦλθόν σε καλέσαι. Ἐλεύσομαι πρὸς ὑμᾶς, τοῦ θεοῦ θέλοντος. Εἶδόν σε ἐρχόμενον πρὸς ἐμέ. Τοὺς ἀγῶνας τεθεάμεθα. Εἰ βούλει ἀγαθὸς εἶναι, πρῶτον πίστευσον ὅτι κακὸς εἶ. Οἱ τὴν σοφίαν φιλοῦντες σοφώτατοι γενήσονται. Ὃς ἂν θέλῃ πρῶτος γενέσθαι, ἔσται πάντων δοῦλος. Ἀπὸ τοῦ ποταμοῦ ἐπορεύθησαν στάδιους τρεῖς εἰς τὴν κώμην.

Give the derivation of Theatre, Amphi-theatre, Genesis.

XC.

Moods of the Middle Voice.

Form all the Cognate Tenses Middle of γίγνομαι, πορεύομαι, φοβέομαι, ἅπτομαι, ἐγείρομαι.

Αἴγυπτ-ος, -ου (m.), *Egypt*.

Γίγνου (or γίνου) ἀεὶ πιστός. Πορεύου εἰς Αἴγυπτον. Λέγω τῷ δούλῳ μου Πορεύθητι, καὶ πορεύεται. Μὴ φοβεῖσθε, φίλοι. Μή μου ἅπτου. Λέγω σοι, ἐγέρθητι. Εἶπεν ὁ Θεός, Γενηθήτω φῶς· καὶ ἐγένετο. Ἐὰν βούλῃ σοφὸς γενέσθαι, μάνθανε. Τοὺς παῖδας διδάξομεν, ἵνα σοφώτεροι γένωνται. Μὴ γένοιτο. Ἐὰν ἅψωμαι τῶν ἱματίων αὐτοῦ, σωθήσομαι. Παρῆσαν πολλοὶ ἵνα τοὺς ἀγῶνας θεάσαιντο.

XCI.

Some Irregular Verbs.

Present.	Future.	Perfect.	2 Aorist.	
ὁράω	ὄψομαι	ἑώρακα	εἶδον,	I see
βαίνω	βήσομαι	βέβηκα	ἔβην,	I go, walk
πίπτω	πεσοῦμαι	πέπτωκα	ἔπεσον,	I fall
λαμβάνω	λήψομαι	εἴληφα	ἔλαβον,	I receive, take
φέρω	οἴσω (1 Aor. ἤνεγκα) ἐνήιοχα		ἔνεγκον	I bear, bring
ἀποθνήσκω	ἀποθανοῦμαι		ἀπέθανον,	I die

Ἀρίμνηστ-ος, ου (m.), *Arimnestus*.

Μακάριοι οἱ καθαροὶ τῇ καρδίᾳ, ὅτι αὐτοὶ τὸν Θεὸν ὄψονται. Τί σὺ ὁρᾷς; Ὃ ἐὰν ᾖ δίκαιον, λήψεσθε. Ἐν ὀργῇ πάντα γίγνεται κακά. Πίπτει εἰς τὸ πῦρ. Ἀπὸ δένδρου ἔπεσον. Φέρετέ μοι δηνάριον ἵνα ἴδω. Ὁ ἐχθρὸς ἔβη φεύγων. Τί ἔχεις ὃ οὐκ ἔλαβες; Τὸ δῶρον ἐλάβομεν, ὃ εἰς ἡμᾶς ἔπεμψας. Ἄξιος εἶ δόξαν λαβεῖν. Ἔμαθον ὅτι ἀπέθανες. Ἀρίμνηστος, ἐρωτηθεὶς 'τί μέγιστον ἀγαθὸν ἀνθρώποις;' εἶπε, 'τὸ καλῶς ἀποθανεῖν.'

XCII.

CONTRACTIONS OF THE THIRD DECLENSION (-ευς, -ης, -ος).

Masculine and Feminine Nouns in -ευς.

Singular.	Plural.	Dual.
N. βασιλ-εύς, *king* (m.)	N.V. βασιλ-έες ⎫ -εῖς	N.V.A. βασιλ-έε
V. βασιλ-εῦ	A. βασιλ-έας ⎭	
A. βασιλ-έᾱ, -ῆ	G. βασιλ-έων	
G. βασιλ-έος, -έως	D. βασιλ-εῦσι	G.D. βασιλ-έοιν
D. βασιλ-έϊ, -εῖ		

Neuter Nouns in -ος.

Singular.	Plural.	Dual.
N.V.A. τεῖχ-ος, *wall* (n.)	N.V.A. τείχ-εα, -η	N.V.A. τείχ-εε, -η
G. τείχ-εος, -ους	G. τειχ-έων, -ῶν	G.D. τειχ-έοιν, -οῖν
D. τείχ-εϊ, -ει	D. τείχ-εσι	

Masculines in -ης are contracted as the Masculine of ἀληθής.

ADJECTIVES IN -ης, ἀληθής, *true.*

Singular.		Plural.	
M. & F.	N.	M. & F.	N.
N. ἀληθ-ής	ἀληθ-ές	N.V. ἀληθ-έες ⎫ -εῖς	ἀληθ-έα, -ῆ
V. ἀληθ-ές	ἀληθ-ές	A. ἀληθ-έας ⎭	ἀληθ-έα, -ῆ
A. ἀληθ-έα, -ῆ	ἀληθ-ές	G. ἀληθ-έων, -ῶν	
G. ἀληθ-έος, -οῦς		D. ἀληθ-έσι	
D. ἀληθ-έϊ, -εῖ			

Dual (all genders).

N.V.A. ἀληθ-έε
G.D. ἀληθ-έοιν, -οῖν

To compare Adjectives in -ης, add -τερος, -τατος to the First Case of the Neuter.

XCIII.

m. and f.	n.
ψευδ-ής	ψευδ-ές, *false, lying*
φιλο-μᾰθ-ής	φιλομαθ-ές, *fond of learning*
πολυ-μᾰθ-ής	πολυ-μαθ-ίς, *very learned.*
m. only.	κράτ-ος, *power, rule*
γον-εύς, *parent*	γίν-ος, *family, race*
ἱερ-εύς, *priest*	τέλ-ος, *end, finish*
ἀρχ-ιερ-εύς, *chief-priest*	ἔθν-ος, *nation*
γραμματ-εύς, *scribe*	κάλλ-ος, *beauty*
'Αλεξανδρ-εύς, *Alexandrian*	ἄνθ-ος, *flower*

Τὸν Θεὸν φοβεῖσθε· τὸν βασιλέα τιμᾶτε. Τὰ ἀληθῆ ἀεὶ λέγε.
Τὰ ψευδῆ. μὴ λέγε, ὁ γὰρ Θεός σε ἀκούει, καὶ αὐτὸς βασιλεὺς
βασιλέων ἐστί. Δικαία γλῶσσα κράτος ἔχει μέγα. Ἐὰν ᾖς
φιλομαθὴς, ἔσει πολυμαθής. Τὰ θεμέλια τοῦ τείχους ἐπὶ τῇ
πέτρᾳ ἐστίν. Οὐκ ἐθαύμασας τὸ κάλλος τῶν ἀνθῶν; Ἀλεξαν-
δρεὺς τῷ γένει ἐστί. Κῦρος παῖς ἦν ἀγαθῶν γονέων. Οἱ τῶν
ἐθνῶν ἱερεῖς εἰδώλοις ἔθυσαν. Οἱ ἀρχιερεῖς καὶ οἱ γραμματεῖς
κατέκριναν τὸν Ἰησοῦν. Ἐγώ εἰμι ἡ ἀρχὴ καὶ τὸ τέλος, λέγει
ὁ Κύριος.

Give the derivation of Genea-logy, Poly-anthus, Chrys-anthemum,
Antho-logy, Theo-cracy, Aristo-cracy (ἄριστοι, nobles), Demo-cracy
(δῆμος, people), Auto-crat, Hier-archy; the prefix Pseudo- in Pseudo-
prophet, Pseud-onym, &c.

CONTRACTIONS OF FEMININE NOUNS IN -ως or -ω,—αἰδώς, *modesty.*

Sing. N. αἰδ-ώς, V. -οῖ, A. -όα, -ῶ, G. -όος, -οῦς, D. -όϊ, -οῖ.

G

XCIV.

CONTRACTIONS OF THE THIRD DECLENSION (-υς, -υ, -ις, -ι).

Masculine and Feminine Nouns in -υς, -ις.

Singular.	Plural.	Dual.
N. πῆχ-υς, *cubit* (m.)	N.V. πῆχ-εες ⎫ -εις	N.V.A. πῆχ-εε
V. πῆχ-υ	A. πῆχ-εας ⎭	
A. πῆχ-υν	G. πηχ-έων	G.D. πηχ-έοιν
G. πήχ-εος, -εως	D. πῆχ-εσι	
D. πήχ-εῐ, -ει		

Nouns in -ις have -ι wherever those in -υς have -υ.

Sing. N. πόλ-ις, *city* (f.), V. πόλ-ῐ, A. πόλ-ιν, &c., like πῆχ-υς.

Neuter Nouns in -υ, -ι.

Singular.	Plural.	Dual.
N.V.A. ἄστ-υ, *city* (n.)	N.V.A. ἄστ-εα, -η	N.V.A. ἄστ-εε
G. ἄστ-εος, -εως	G. ἀστ-έων	G.D. ἀστ-έοιν
D. ἄστ-εῐ, -ει	D. ἄστ-εσι	

ADJECTIVES IN -υς, -εια, -υ, ὀξύς, *sharp*.

Singular.

M.	F.	N.	M.	F.	N.
N. ὀξ-ύς	ὀξ-εῖα	ὀξ-ύ	N. ὀξ-έες ⎫ -εις	ὀξ-εῖαι	ὀξ-έα
V. ὀξ-ύ	ὀξ-εῖα	ὀξ-ύ	A. ὀξ-έας ⎭	ὀξ-είας	ὀξ-έα
A. ὀξ-ύν	ὀξ-εῖαν	ὀξ-ύ	G. ὀξ-έων	ὀξ-ειῶν	ὀξ-έων
G. ὀξ-έος	ὀξ-είας	ὀξ-έος	D. ὀξ-έσι	ὀξ-είαις	ὀξ-έσι
D. ὀξ-εῖ, -εῖ	ὀξ-είᾳ	ὀξ-έῐ, -εῖ			

Plural.

Dual.

N.V.A. ὀξ-έε   ὀξ-είᾱ   ὀξ-έε

G.D. ὀξ-έοιν   ὀξ-είαιν   ὀξ-έοιν

Adjectives in -υς are compared by changing -υς into -ιων, -ιστος; less commonly by adding -τερος, -τατος to the Neuter.

XCV.

м.	ғ.	и.
βαρ-ύς	βαρ-εῖα	βαρ-ύ, heavy
ταχ-ύς	ταχ-εῖα	ταχ-ύ, quick, swift
ἡδ-ύς	ἡδ-εῖα	ἡδ-ύ, sweet
γλυκ-ύς	γλυκ-εῖα	γλυκ-ύ, sweet
πῆχ-ις, fore-arm, cubit	πίστ-ις, faith	ἄστυ, city
πέλεκ-υς, axe	δύνἄμ-ις, power, force	σίνᾱπ-ι or ⎱
ὄφ-ις, snake, serpent	φύσις, nature, character	σίνᾱπ-υ ⎰ mustard
	ἀνάστᾰσ-ις, resurrection	

κόκκ-ος (m.), grain, seed ; ὡς·τάχιστα, as quickly as possible (RULE 26).

Ὀξεῖς εἰσιν οἱ πόδες τῶν πονηρῶν. Ταῦτα τὰ ἄνθη γλυκέα μοι φαίνεται. Οἱ στρατιῶται πρὸ τοῦ τείχους τοῦ ἄστεως τεταγμένοι εἰσίν. Ἀνὴρ ἄνδρα καὶ πόλις πόλιν σώζει. Οἱ πολῖται τὰ τῆς πόλεως εὖ πράττουσι. Γίγνεσθε φρόνιμοι ὡς οἱ ὄφεις. Ἡ πίστις σου σέσωκέ σε. Ἀνάστασις ἔσται νεκρῶν, δικαίων καὶ ἀδίκων, κατὰ δύναμιν Θεοῦ. Ἦμεν φύσει τέκνα ὀργῆς. Ὁ κόκκος σιναπέως ἐλάχιστος μέν ἐστι, καὶ γίγνεται δένδρον μέγα. Οὐκ ἔστιν οὐδὲν μητρὸς ἥδιον τέκνοις. Οἱ πελέκεις ὀξύτατοί εἰσι. Ταχὺ ἔρχομαι. Κέλευσον αὐτοῖς ἵνα ὡς τάχιστα ἔλθωσι.

Give the derivation of Police, Policy, Metro-polis, Necro-polis, Helio-polis; the suffix -ple or -pol in Constantino-ple, Sevasto-pol, &c.; Baro-meter, Oxy-gen (γεννάω), Glycerine, Physical, Physi-ology, Dynamics.

CONTRACTIONS OF THE THIRD DECLENSION NEUTER IN -ας.

	Singular.	Plural.	Dual.
N.V.A.	κέρ-ας, a horn (n.)	κέρ-ᾱτα, -α	κέρ-ᾱτε, -α
G.	-ᾱτος, -ως	-ᾱτων, -ῶν	-ᾱτοιν, -ῶν
D.	-ᾱτι, -ᾳ	-ᾱσι	

XCVI.

ἵστημι, *I place.*—Active Voice.

PRES. IND.	IMP. IND.	CONJ.	OPTAT.	IMPERAT.	INFIN. & PART.
ἵστ-ημι	ἵστ-ην	ἱστ-ῶ	ἱστ-αίην	ἵστ-ᾰθι or -η	ἱστ-ᾰναι
-ης	-ης	-ῇς	-αίης	-ᾰτω	
-ησι	-η	-ῇ	-αίη	-ατε	
-ᾰμεν	-ᾰμεν	-ῶμεν	-αί(η)μεν	-ᾰτωσαν	ἱστ-άς
-ᾰτε	-ᾰτε	-ῆτε	-αί(η)τε	or -άντων	(as πάς)
-ᾱσι	-ᾰσαν	-ῶσι	-αῖεν	-ατον	
-ᾰτον	-ᾰτην	-ῆτον	-αί(η)ρην	-ᾰτων	
2 Aorist	ἔστ-ην	στ-ῶ	στ-αίην	στ-ῆθι or -α	στ-ῆναι
	(as ἐλύθην)	(as above)	(as above)	(as λύθητι*)	στ-άς

Passive and Middle Voices.   * Except στάντων.

PRES. IND.	IMP. IND.	CONJ.	OPTAT.	IMPERAT.	INFIN. & PART.
ἵστᾰ-μαι	ἱστᾰ-μην	ἱστ-ῶμαι	ἱστ-αίμην	ἵστ-ᾰσο	ἵστ-ασθαι
(as λέλυμαι)	(as ἐλελύμην)	-ῇ &c.	-αῖο &c.	(as λέλυσο)	-άμενος

The other tenses of verbs in -μι are like the Verb in -ω.

ἵστημι; F. στήσω, *I place* or *set up*; P. ἕστηκα; 2 A. ἔστην, *I stood.*
ἀνίστημι; F. ἀναστήσω; P. ἀνέστηκα; 2 A. ἀνέστην, *I raise up*;
φημί; F. φήσω; 2 Aor. ἔφην, *I say.*   [Mid. *I rise.*
δύνᾰ-μαι (mid.); F. δυνήσομαι; P. δεδύνημαι, *I am able.*

Τί φῄς; Αὔριον, φησὶν, ἀκούσῃ αὐτοῦ. Φασί τινες ἡμᾶς
οὕτω λέγειν. Ἰδοὺ, ἕστηκα ἐπὶ τὴν θύραν. Σὺ στῆθι ἐκεῖ.
Ἐκέλευσε στῆναι τὸ ἅρμα. Ἵπποι παρ' ἅρμασιν ἔστησαν.
Ἀνέστη ὁ βασιλεύς. Ἀναστὰς πορεύθητι. Καὶ ἀναστὰς ἐπορεύθη.
Ἀναστήσεται ὁ ἀδελφός σου. Πιστεύομεν ὅτι Ἰησοῦς ἀπέθανε
καὶ ἀνέστη. Ἡ ναῦς οὐ δύναται σωθῆναι.

XCVII.

τίθημι, I put.—ACTIVE VOICE.

PRES. IND.	IMP. IND.	CONJ.	OPTAT.	IMPERAT.	INFIN. & PART.
τίθ-ημι	ἐτίθ-ην	τιθ-ῶ	τιθ-είην	τίθ-ει (ετι)	τιθ-έναι
-ης	-ης	-ῇς	-είης	-ετω	
-ησι	-η	-ῇ	-είη	-ετε	
-εμεν	-εμεν	-ῶμεν	-εί(η)μεν	-ἰτωσαν	τιθ-είς
-ετε	-ετε	-ῆτε	-εί(η)τε	or -έντων	(as λυθείς)
-έᾱσι*	-εσαν	-ῶσι	-εῖεν	-ετον	
-ετον	-έτην	-ῆτον	-εί(η)την	-έτων	
2 Aorist	ἔθ-ην	θ-ῶ	θ-είην	θ-έτι or -ἐς	θ-εῖναι
* Or -εῖσι	(as above)	(as above)	(as above)	(as above)	θ-είς

PASSIVE AND MIDDLE VOICES.

PRES. IND.	IMP. IND.	CONJ.	OPTAT.	IMPERAT.	INFIN.	PART.
τίθε-μαι	ἐτιθέ-μην	τιθ-ῶμαι	τιθ-είμην	τίθ-εσο	-εσθαι	-έμενος
(as λέλυμαι)	(as ἐλελύμην)	-ῇ, &c.	-εῖο, &c.	(as λέλυσο)		
2 Aorist	ἐθ-έμην†	θ-ῶμαι	θ-είμην	θ-οῦ(θέσο)	θ-έσθαι	θ-έμενος

† -ον, -ετο ι -έμεθα, -εσθε, -εντο; -έμεθον, -εσθην.

τίθημι; F. θήσω; 1 A. ἔθηκα; P. τέθεικα; 2 A. ἔθην, I put, place.
ἵημι; F. ἥσω; 1 A. ἧκα, I send, send away, let go.
ἀφίημι; F. ἀφήσω, I send forth, discharge, forgive, abandon.

Ἄνδρας κακοὺς ἐν φυλακῇ τιθέασιν. Αἴρεις ὃ οὐκ ἔθηκας. Τὴν ψυχήν μου ὑπέρ σου θήσω. Ἔθηκε τὸ θεμέλιον τοῦ πύργου ἐπὶ τὴν πέτραν. Ποῦ τεθείκατε τὸ βιβλίον; Ἄφες ἡμῖν τὰς ἁμαρτίας ἡμῶν. Τίς δύναται ἀφιέναι ἁμαρτίας, εἰ μὴ μόνος ὁ Θεός; Ἀφέντες αὐτὸν πάντες ἔφυγον.

XCVIII.

δίδωμι, I give.—ACTIVE VOICE.

PRES. IND.	IMP. IND.	CONJ.	OPTAT.	IMPERAT.	INFIN. & PART.
δίδ-ωμι	ἐδίδ-ων	διδ-ῶ	διδ-οίην	δίδ-οθι or -ου	διδ-όναι
-ως	-ως	-ῷς	-οίης	-ότω	
-ωσι	-ω	-ῷ	-οίη	-ΰτε	
-ομεν	-ομεν	-ῶμεν	-οί(η)μεν	-ότωσαν	διδ-ούς
-ΰτε	-οτε	-ῶτε	-οί(η)τε	or -όντων	-όντα
-ύασι*	-οσαν	-ῶσι	-οῖεν	-οτον	etc.
-οτον	-ότην	-ῶτον	-οί(η)την	-ότων	(like ὥν)
2 Aorist	ἔδ-ων	ἔ-ῶ	δ-οίην or -ῴην	δ-ός	δ-οῦναι
* Or -ΰσι	(as above)	(as above)	(as above)	(as above)	δ-ούς

PASSIVE AND MIDDLE VOICES.

PRES. IND.	IMP. IND.	CONJ.	OPTAT.	IMPERAT.	INFIN.	PART.
δίδο-μαι	ἐδιδό-μην	διδ-ῶμαι*	διδ-οίμην	δίδ-οσο	-οσθαι	-όμενος
(as λέλυμαι)	(as ἐλελύμην)		-οιο, &c.	(as λέλυσο)		
2 Aorist	δό-μην†	δ-ῶμαι*	δ-οίμην	δ-οῦ(δόσο)	δ-όσθαι	δ-όμενος

* -ῷ, -ῶται; -ώμεθα, -ῶσθε, -ῶνται; -ώμεθον, -ῶσθον.
† -ου, -οτο; -όμεθα, -οσθε, -οντο; -όμεθον, -όσθην.

δίδωμι; F. δώσω; 1 Aor. ἔδωκα; P. δέδωκα; 2. Aor. ἔδων, I give.
ἀπο-δίδωμι; F. δώσω, I give back, pay, render.

μᾶλλον, more, rather; ἔξεστι, it is lawful; ἤ, than, or; κῆνσ-ος, tribute.

Ὁ κριτὴς τὰ ἆθλα τοῖς ἀρίστοις δίδωσι. Διδοῦσί σοι στέφανον
χρυσοῦν. Δὸς τὴν χεῖρά μοι. Δίδοτε καὶ δοθήσεται ὑμῖν.
Μακάριόν ἐστι μᾶλλον διδόναι ἢ λαμβάνειν. Ἔξεστι κῆνσον
Καίσαρι δοῦναι ἢ οὔ; δῶμεν, ἢ μὴ δῶμεν; Ἀπόδοτε τὰ
Καίσαρος Καίσαρι, καὶ τὰ τοῦ Θεοῦ τῷ Θεῷ. Χάρις χάριτι
ἀποδίδοται. Πολλὰ δῶρα δέδοται τοῖς ἀνθρώποις παρὰ τοῦ Θεοῦ

XCIX.

δείκνυμι, I show.—ACTIVE VOICE.

PRES. IND.	IMP. IND.	CONJ.	OPTAT.	IMPERAT.	INFIN. & PART.
δείκν-ῦμι	ἐδείκν-ῦν	δεικνύ-ω	δεικνύ-οιμι	δείκν-ῦθι or -υ	δεικνύ-ναι
-ῦς	-ῦς	-ῃς	-οις	-ῦτω	
-ῦσι	-ῦ	-ῃ	-οι	-ῦτε	M.
-ῦμεν	-ῦμεν	(as λύ-ω)	(as λύοιμι)	-ῦτωσαν	δεικν-ύς -ύντα
-ῦτε	-ῦτε			or -ύντων	F.
-ύᾱσι	-ῦσαν			-ῦτον	δεικν-ῦσα -ῦσαν
or -ῦσι	-ίτην			-ύτων	N.
-ῦτον					δεικν-ύν -ύν

PASSIVE AND MIDDLE VOICES.

PRES. IND.	IMP. IND.	CONJ.	OPTAT.	IMPERAT.	INFIN. & PART.
δείκνῦ-μαι	ἐδεικνῦ-μην	-ωμαι	-οίμην	δείκνῦ-σο	δεικνῦ-σθαι
(as λέλυμαι)	(as ἐλελύμην)	(as λύωμαι)	(as λυοίμην)	(as λέλυσο)	-μενος

δείκν-ῦμι or -ύω; F. δείξω; P. δέδειχα, I show, point out.
ζώνν-ῦμι or -ύω; F. ζώσω, I gird, buckle on.
ῥήγν-ῦμι or ύω; F. ῥήξω, I break or burst through, rend.
ὄμν-υμι or -ύω; F. ὀμόσω; P. ὀμώμοκα, I swear, take an oath.

κἄν (καὶ ἄν), even if, although.

Δείκνυμί σοι ἃ εἶδον. Χρόνος δίκαιον ἄνδρα δείκνυσι μόνος.
Δείξατέ μοι δηνάριον. Ἐζώννυες σεαυτὸν εἰς μάχην. Ῥήγνυται
τὸ τεῖχος τῆς πόλεως. Ῥήξαντες ἕκαστος τὴν ἑαυτοῦ στολὴν
ἐπορεύθησαν. Ἔδειξεν αὐτοῖς τὰς χεῖρας αὐτοῦ. Ὅρκιον φεῦγε,
κἂν δικαίως ὀμνύῃς. Πρὸ πάντων μὴ ὀμνύετε.

Give the derivation of (see 96—99) Stem, System (σύν), Apo-stasy,
Ec-stasy, Statics, Statistics, Hydro-statics, Theme, Thesis, Hypo-
thesis, Syn-thesis, Epi-thet, Dose, Anti-dote, An-ec-dote.

C.

COGNATE TENSES OF εἰμί, *I am.*

INDIC.	CONJ.	OPTAT.	IMPER.	INFIN.	PART.
Pres. εἰμί	ὦ	εἴην	ἴσθι	εἶναι	ὤν
Imp. ἦν or ἤμην					
Fut. ἔσομαι		ἐσοίμην		ἴσεσθαι	ἐσόμενος

εἶμι, *I go, or will go.*

	Singular.			Plural.			Dual.	
Pres. Ind.	εἶμι	εἶ	εἶσι	ἴμεν	ἴτε	ἴασι	ἴτον	
Imp. Ind.	ἤειν	ἤεις	ἤει	ἤειμεν	ἤειτε	ἤεσαν	ἠείτην	
Pres. Imper.	ἴθι	ἴτω		ἴτε	ἴτωσαν	ἴτον	ἴτων	
					or ἰόντων			

COGNATE TENSES OF εἶμι.

PRES. IND.	IMP. IND.	CONJ.	OPTAT.	IMPER.	INFIN.	PART.
εἶμι	ἤειν	ἴω	ἴοιμι	ἴθι	ἰέναι	ἰών

ATTIC DECLENSION (*rarely used*).

(Contracted from the Second Declension.)

ἴλα-ος, -ον, *gracious, propitious.*

	Singular.		Plural.		Dual.
	M. and F.	N.	M. and F.	N.	ALL GENDERS.
N.V.	ἴλε-ως	ἴλε-ων	ἴλε-ῳ	ἴλε-ω	ἴλε-ω
A.	ἴλε-ων	ἴλε-ων	ἴλε-ως	ἴλε-ω	,,
G.	ἴλε-ω		ἴλε-ων		ἴλε-ῳν
D.	ἴλε-ῳ		ἴλε-ως		,,

Decline λε-ώς (λαός), *people* (m.), as the Masculine, and ἀνώγε-ων (ἀνώγαιον), *upper room* (n.), as the Neuter, of ἴλε-ως.

[*Words not previously given are found on the next page.*]

1.

Φίλιππος, ὁ τοῦ Ἀλεξάνδρου πατὴρ, γενόμενος κριτὴς δυοῖν πονηροῖν, ἐκέλευσε τὸν μὲν φεύγειν ἐκ Μακεδονίας, τὸν δὲ ἕτερον διώκειν.

2.

Διογένης εἰς Μύνδον ἐλθὼν, καὶ θεασάμενος μεγάλας τὰς πύλας, μικρὰν δὲ τὴν πόλιν, Ἄνδρες Μύνδιοι, ἔφη, κλείσατε τὰς πύλας, μὴ ἡ πόλις ὑμῶν ἐξέλθῃ.

3.

Ζήνων εἶπε, διὰ τοῦτο δύο ὦτα ἔχομεν, στόμα δὲ ἕν, ἵνα πλείω μὲν ἀκούωμεν, ἥττονα δὲ λέγωμεν.

4.

Διογένης πρός τινα πυθόμενον, ποίᾳ ὥρᾳ δεῖ ἀριστᾶν, εἰ μὲν πλούσιος, ἔφη, ὅταν θέλῃ, εἰ δὲ πένης, ὅταν ἔχῃ.

5.

Σχολαστικὸς οἰκίαν πωλῶν, λίθον ἀπ᾽ αὐτῆς εἰς δεῖγμα περιέφερε.

6.

Κύων, κρέας φέρων, ποταμὸν διέβαινε· θεασάμενος δὲ τὴν ἑαυτοῦ σκιὰν ἐπὶ τοῦ ὕδατος, ὑπέλαβεν ἕτερον κύνα εἶναι κρέας κατέχοντα· καὶ ἀφεὶς τὸ ἴδιον, ὥρμησε τὸ ἐκείνου λαβεῖν· ἀπώλεσε δὲ ἀμφότερα· τὸ μὲν οὖν οὐκ ἦν· ὃ δὲ κατεῖχεν, ὑπὸ τοῦ ῥεύματος κατεσύρετο.

7.

Γυνή τις χήρα ὄρνιν εἶχε, καθ᾽ ἑκάστην ἡμέραν ᾠὸν αὐτῇ τίκτουσαν. Νομίσασα δὲ, ὡς εἰ πλείους τῇ ὄρνιθι κριθὰς παραβάλοι, δὶς τέξεται τῆς ἡμέρας, τοῦτο πεποίηκεν. Ἡ δὲ ὄρνις πιμελὴς γενομένη οὐδ᾽ ἅπαξ τῆς ἡμέρας τεκεῖν ἐδύνατο.

[Numbers refer to the Lessons.]

1.

γινόμενος, 2 aor. part. of γίγνομαι. δυοῖν (71). ἕτερ-ος, -α, -ον, other. Μακεδονία, -ας (f.), *Macedonia.*

2.

Διογένης, -εος (m.), *Diogenes.* Μύνδος, -ον (m.), *Myndus.* Μύνδι-ος, -α -ον, *of Myndus.* πύλη, -ης (f.), *gate.* μή (44), *lest.* ἐξέλθῃ, from ἐξέρχομαι (87), *I go or come out.*

3.

Ζήνων, -ωνος (m.), *Zeno.* πλείων (76). ἥττων, -ον (no pos.), *less* ; sup. ἥκιστος.

4.

πυνθάνομαι, f. πεύσομαι, p. πέπυσμαι, 2 Aor. ἐπυθόμην, *I ask, enquire.* ποῖ-ος, -α, -ον, *what, what sort of?* ἀμιστ-άω, -ήσω, *I take the ἄριστον, breakfast.* πέν-ης, -ητα (m.), *a poor man.*

5.

σχολαστικ-ός, -οῦ (m.), *óne at leisure, idler, simpleton.* οἰκία, -ας (f.), *house.* δεῖγμα, -τος (n.), *sample, pattern.* περι-φέρω (91), *I carry about.*

6.

κρέα-ς, -τος, *meat, flesh.* δια-βαίνω (91), *I cross over.* ὑπο-λαμβάνω (91), *I suppose, imagine.* κατ-έχω, καθ-έξω, *I hold, possess.* ἀφείς, part. of ἀφίημι (97). ὁρμ-άω, -ήσω, *I make an effort.* τὸ ἴδιον, *his own.* τὸ ἐκείνου (supply κρέας), *that of the other.* ἀπ-όλλυμι, -ολέσω, -ώλεκα, *I lose, destroy.* ἀμφότερ-ος, -α, -ον, *both.* τὸ μέν (13). οὐκ ἦν, *did not exist.* ῥεῦμα, -τος (n.), *stream.* κατα-σύρω, *I carry down or away.*

7.

χήρ-α, -ας (f.), *a widow.* ὄρνις (f.), *hen* (66). τίκτω, τέξομαι, τέτοκα, ἔτεκον, *I beget or produce.* ὡς, *that.* κριθ-ή, -ῆς (f.), *barley.* παραβάλλω (49), *I throw to.* δίς, *twice.* πιμελ-ής, -ές, *fat.* οὐδέ, *not even.* ἅπαξ, *once.*

[Words on the next page.]

Ἄνθρωπος ἀποδημῶν ἐκάλεσε τοὺς ἰδίους δούλους, καὶ παρέδωκεν αὐτοῖς τὰ ὑπάρχοντα αὐτοῦ· καὶ ᾧ μὲν ἔδωκε πέντε τάλαντα, ᾧ δὲ δύο, ᾧ δὲ ἕν· ἑκάστῳ κατὰ τὴν ἰδίαν δύναμιν· καὶ ἀπεδήμησεν εὐθέως. πορευθεὶς δὲ ὁ τὰ πέντε τάλαντα λαβὼν εἰργάσατο ἐν αὐτοῖς, καὶ ἐποίησεν ἄλλα πέντε τάλαντα. ὡσαύτως καὶ ὁ τὰ δύο, ἐκέρδησε καὶ αὐτὸς ἄλλα δύο. ὁ δὲ τὸ ἓν λαβὼν ἀπελθὼν ὤρυξεν ἐν τῇ γῇ, καὶ ἀπέκρυψε τὸ ἀργύριον τοῦ κυρίου αὐτοῦ. Μετὰ δὲ χρόνον πολὺν ἔρχεται ὁ κύριος τῶν· δούλων ἐκείνων, καὶ συναίρει μετ᾽ αὐτῶν λόγον. καὶ προσελθὼν ὁ τὰ πέντε τάλαντα λαβὼν προσήνεγκεν ἄλλα πέντε τάλαντα, λέγων· Κύριε, πέντε τάλαντά μοι παρέδωκας· ἴδε, ἄλλα πέντε τάλαντα ἐκέρδησα ἐπ᾽ αὐτοῖς. Ἔφη δὲ αὐτῷ ὁ κύριος αὐτοῦ· Εὖ, δοῦλε ἀγαθὲ καὶ πιστέ· ἐπὶ ὀλίγα ἦς πιστός, ἐπὶ πολλῶν σε καταστήσω· εἴσελθε εἰς τὴν χαρὰν τοῦ κυρίου σου. Προσελθὼν δὲ καὶ ὁ τὰ δύο τάλαντα λαβὼν, εἶπε· Κύριε, δύο τάλαντά μοι παρέδωκας· ἴδε, ἄλλα δύο τάλαντα ἐκέρδησα ἐπ᾽ αὐτοῖς. Ἔφη αὐτῷ ὁ κύριος αὐτοῦ· Εὖ, δοῦλε ἀγαθὲ καὶ πιστέ· ἐπὶ ὀλίγα ἦς πιστός, ἐπὶ πολλῶν σε καταστήσω· εἴσελθε εἰς τὴν χαρὰν τοῦ κυρίου σου. Προσελθὼν δὲ καὶ ὁ τὸ ἓν τάλαντον εἰληφὼς, εἶπε· Κύριε, ἔγνων σε, ὅτι σκληρὸς εἶ ἄνθρωπος, θερίζων ὅπου οὐκ ἔσπειρας, καὶ συνάγων ὅθεν οὐ διεσκόρπισας· καὶ φοβηθεὶς, ἀπελθὼν ἔκρυψα τὸ τάλαντόν σου ἐν τῇ γῇ· ἴδε, ἔχεις τὸ σόν. Ἀποκριθεὶς δὲ ὁ κύριος αὐτοῦ εἶπεν αὐτῷ· Πονηρὲ δοῦλε καὶ ὀκνηρὲ, ᾔδεις ὅτι θερίζω ὅπου οὐκ ἔσπειρα, καὶ συνάγω ὅθεν οὐ διεσκόρπισα· ἔδει οὖν σε βαλεῖν τὸ ἀργύριόν μου τοῖς τραπεζίταις· καὶ ἐλθὼν ἐγὼ ἐκομισάμην ἂν τὸ ἐμὸν σὺν τόκῳ. ἄρατε οὖν ἀπ᾽ αὐτοῦ τὸ τάλαντον, καὶ δότε τῷ ἔχοντι τὰ δέκα τάλαντα. Τῷ γὰρ ἔχοντι παντὶ δοθήσεται, καὶ περισσευθήσεται· ἀπὸ δὲ τοῦ μὴ ἔχοντος, καὶ ὃ ἔχει, ἀρθήσεται ἀπ᾽ αὐτοῦ. Καὶ τὸν ἀχρεῖον δοῦλον ἐκβάλετε εἰς τὸ σκότος τὸ ἐξώτερον· ἐκεῖ ἔσται ὁ κλαυθμὸς καὶ ὁ βρυγμὸς τῶν ὀδόντων.

ἀποδημ-έω, f. -ήσω, I go abroad. παρα-δίδωμι (98), I give over, entrust, deliver up. ὑπάρ-χω, f. -ξω, I begin (τὰ ὑπ., property). εὐθέως, immediately. ἐργ-άζομαι, f. -άσομαι, 1 Aor. εἰργασάμην, p. εἴργασμαι, I work, trade. ὡσαύτως, so also, likewise. κερδ-αίνω, f. -ᾶνῶ, or -ήσω, I make a profit, gain. ἀπ-έρχομαι (89), I go away. ἀπο-κρύπτω (33), I hide away. ἀργύριον, -ον (n.), money. συν-αίρω (48) λόγον, I settle accounts. προσ-έρχομαι (89), I come to. προσ-φέρω (91), I bring. ἴδε (see εἶδον). ὀλίγ-ος, -η, -ον, few. καθ-ίστημι (96), I set over, appoint as ruler. εἰσ-έρχομαι (89), I enter into; with χαρά (joy, pleasure), I enjoy the favour. δὲ καί, and also. εἰληφώς, perf. part. of λαμβάνω (91). σκληρ-ός, -ά, -όν, hard, harsh. θερί-ζω, f. -σω, I reap. συν-άγω (34), I gather in. ὅθεν, whence. δια-σκορπ-ίζω, f. -ίσω, I scatter (seed). ἀπο-κρίνω (mid.), I answer, reply (49). ὀκνηρ-ός, -ά, -όν, lazy, idle. ἔδει, imp. of δεῖ. τραπεζίτης, -ου (m.), one who keeps an exchange table (τράπεζα), banker. κομί-ζω, f. -σω, I get back, receive. τόκος, -ου (m.), interest. περισσεύω, I abound, (pass.) I have more than enough. ἀρθήσεται, from αἴρω (48). ἀχρεῖ-ος, -ον, useless. σκότος, -εος (n.), darkness. ἐξώτερ-ος, -α, -ον, without, outside. κλαυθμός, -οῦ (m.), weeping. βρυγμός, -οῦ (m.), grinding, gnashing.

ΤΕΛΟΣ.

VOCABULARY.

ἀγαθός, 11, 76
ἀγαπάω, 44
ἀγάπη, 55
ἀγγελία, 18
ἄγγελος, 18
ἄγει, 22
ἅγιος, 10
ἄγκυρα, 18
ἄγουσι, 22
ἄγω, 34
ἀγών, 63
ἀδελφή, 22
ἀδελφός, 22
ἀδικέω, 42
ἀδικία, 70
ἄδικος, 70
ἀεί, 32
ἀθάνατος, 70
ἄθεος, 70
'Αθηναῖος, 63
ἆθλον, 55
Αἰγύπτιος, 60
Αἴγυπτος, 90
αἰδός, 93
αἷμα, 65
αἱρέω, 42
αἴρω, 48
αἰσχρός, 47
αἰών, 62
ἀκούω, 37
'Αλέξανδρος, 60
'Αλεξανδρεύς, 93
ἀληθής, 92
ἀλλά, 11

ἀλλὰ καί, 22
ἀλλήλους, 24
ἄλλυς, 24
ἁμαρτία, 70
ἀμφί, 54
ἄν, 37, 46
ἀνά, 51
ἀναβλέπω, 51
ἀναγιγνώσκω, 61
ἀνάστασις, 95
'Ανάχαρσις, 81
ἀήρ, 64
ἄνθος, 93
ἄνθρωπος, 18
ἀνίστημι, 96
ἀνοίγω, 34
ἀντί, ἀνθ', 51
ἄξιος, 39
ἅπας, 69
ἄπειμι, 55
ἀπέχειν, 69
ἄπιστος, 70
ἀπό (ἀφ'), 51
ἀποδίδωμι, 98
ἀποθνήσκω, 91
ἀποκτείνω, 51
ἀπολύω, 51
ἀποτέμπω, 51
ἀποστέλλω, 51
ἅπτομαι, 87
ἄρα γε, 61
ἀργυρέος, 23
ἄργυρος, 22
ἀρετή, 55
ἀριθμός, 28
'Αρίμνηστος, 91

ἄριστον, 27
ἅρμα, 63
ἀρνίον, 9
ἁρπάζω, 47
ἄρτος, 9
ἀρχαῖος, 20
ἀρχή, 20
ἀρχιερεύς, 93
ἀστήρ, 64
ἄστρον, 11
ἄστυ, 94
αὐτός, 24
αὐτόν, 24
ἀφίημι, 97

B.

βαίνω, 91
βάλλω, 49
βάπτω, 32
βάρυς, 95
βασιλεύω, 31
βασιλεύς, 92
βιβλίον, 6
βίος, 10
βλέπω, 32
βούλομαι, 89
βοῦς, 66

Γ.

γάμος, 56
γάρ, 8
γεννάω, 44
γένος, 93
γῆ, 4

γίγνομαι, 89
γιγνώσκω, 61
γλυκύς, 95
γλῶσσα, or
γλᾶττα, 25
γονεύς, 93
γράμμα, 65
γραμματεύς, 93
γράφει, 25
γράφουσι, 25
γράφω, 32
γυμνάζω, 47
γυνή, 65

Δ.

Δαρεῖος, 60
δέ, 13
δεῖ, 39
δείκνυμι, 99
δεῖπνον, 27
δέκα, 88
δένδρον, 4
δεσπότης, 58
δέω, 42
δηνάριον, 22
διά, δι', 53
διάβολος, 13
διαλύω, 53
διδάσκαλος, 55
διδάσκω, 61
δίδωμι, 98
δίκαιος, 10
δικαίως, 55
δίκη, 6
διψάω, 44

VOCABULARY.

κρατήρ, 64
κράτος, 93
κρείττων, 76
κρίμα, 63
κρίνω, 49
κριτής, 57
κροκόδειλος, 25
κρύπτω, 33
κτείνω, 48
κύριος, 6
Κῦρος, 60
κύων, 65
κώμη, 9

Λ.

λαλέω, 41
λαμβάνω, 91
λαμπρός, 11
λάμπω, 32
λαός, 56
λέγω, 34
λείπω, 33
λελυκώς, 70
λευκός, 9
λέων, 70
λίθος, 23
λόγος, 20
λύκος, 4
λύρα, 5
λυχνία, 11
λύχνος, 11
λύω, 30

Μ.

μαθητής, 58
μακάριος, 13
μακρός, 5
μᾶλλον, 98
μανθάνω, 61
μάρτ-υς, or -υρ, 66
μάχη, 27
μέγας, 19, 76

μεθ', 49
μείζων, 62, 76
μέν, 13
μένω, 49
μέσος, 55, 74
μετά (μεθ'), 49, 53
μέτρον, 23
μή, 36, 44
μηδέ, 47
μηδείς, 71
μῆλον, 10
μήτηρ, 64
μία, fem. of εἷς, 71
μικρός, 5, 73, 76
μισέω, 41
μισθός, 58
μόνον, 22
μόνος, 28
Μοῦσα, 64
μῦθος, 28
μῦς, 66
μωρός, 18

Ν.

ναός, 47
ναῦς, 66
ναύτης, 59
νεανίας, 58
Νεῖλος, 60
νεκρός, 22
νέος, 74
νῆσος, 55
νίκη, 27
νομίζω, 47
νόμος, 10
νόος, 57
νύμφη, 6
νύξ, 65

Ο.

ὁ, ἡ, τό, 6, 12
ὁδός, 47
ὀδούς, 65

οἶδα, 37
οἶκος, 5
οἶνος, 9
ὀκτώ, 88
Ὅμηρος, 60
ὄμνυμι, 99
ὅμοιος, 27
ὄνομα, 64
ὄνος, 4
ὀξύς, 94
ὅπλον, 13
ὅπου, 8
ὅπως, 37
ὅραμα, 64
ὁράω, 91
ὀργή, 13
ὅρκιον, 10
ὄρνις, 66
ὀρύσσω, 46
ὅς, ἥ, ὅ, 25
ὅς ἐάν, 39
ὅσος, 41
ὀστέον, 57
ὅστις, ἥτις, ὅτι, 71
ὅταν, 37
ὁτέ, 59
ὅτι, 17
οὐ, οὐκ, or οὐχ, 7
οὐαί, 56
οὐδείς, 71
οὖν, 39
οὐρανός, 28
οὖς, 66
οὖτος, 21
οὕτω or
οὕτως, 41
ὀφειλέτης, 59
ὀφθαλμός, 56
ὄφις, 95

Π.

παιδίον, 18
παῖς, 65

πάλιν, 39
παρά, 54
πάρ-ειμι, 55
πᾶς, πᾶσα, πᾶν,
πατήρ, 64
παύω, 30
πεδίον, 20
πείθω, 47
πέλεκυς, 95
πέμπει, 22
πέμπουσι, 22
πέμπω, 33
πενία, 22
πέντε, 88
περί, 54
περιπατέω, 54
Περσής, 78
πέτρα, 28
πέτρος, 28
πῆχυς, 94
πίπτω, 91
πιστεύω, 31
πίστις, 95
πιστός, 6
πλανάω, 44
πλείων, 76
πλησίον, 42
πλήσσω, 46
πλοῖον, 18
πλόος, 57
πλούσιος, 18
πνεῦμα, 63
ποιέω, 41
ποίημα, 65
ποιητής, 59
ποιμήν, 63
πολεμέω, 42
πολέμιος, 42
πόλεμος, 27
πόλις, 94
πολίτης, 58
πολύς, 19, 76
πολυμαθής, 93
πονηρός, 55

LONDON: PRINTED BY
SPOTTISWOODE AND CO., NEW-STREET SQUARE
AND PARLIAMENT STREET

9 781377 313276